유형과 실전, 말하기 훈련을 동시에 완벽하게 마스터한다

취업과 승진을 위한
말하기 일본어시험

토익할토크하다

높은 레벨을 받기 위한 실전회화 예문
각 파트의 상황별 설정을 완벽히 이해

저자 이장우 / 출판사 예빈우

이 장우

파고다어학원 JLPT・JPT강사
한양여대 JLPT강사
이장우닷컴대표
EBS JLPT 강의

주요저서
상상 JLPT시리즈
JLPT 시뮬레이션시리즈
JLPT 한번에 패스하기 시리즈
JLPT・JPT딱! 걸렸어 시리즈 등 다수

SJPT 통(通)톡(TALK)

초판인쇄 2016년 6월 10일
저자 이장우
책임편집 이영희, 이재은
표지 디자인 이종규
일러스트 백초은
발행인 이장우
발행처 도서출판 예빈우
등록일자 2014년 1월 17일
등록번호 제 398-2014-000001호
주소 경기도 구리시 동구릉로 129번길 24, 103동 801호
　　　(인창동, 성원아파트)
전화 070-8621-0070
홈페이지 www.leejangwoo.com (이장우닷컴)
이메일 jpt900@hanmail.net

ISBN 979-11-86337-01-1 13730 : ₩21000

★ 잘못된 책은 구입하신 서점이나 본사에서 교환해 드립니다.
★ 이 교재의 내용을 사전 허가 없이 전재하거나 복재할 경우
법적인 제재를 받게 됨을 알려드립니다.
Copyright ⓒ 2014 이장우

저자는 결혼을 늦게 했다. 그래서 자식도 지금 2016년 현재, 40개월 된 아들 한 명을 두고 있다. 앞으로 더 낳을 생각은 없고, 한 명의 자식만이라도 열심히 키울 생각이다.

외국어는 가급적이면 어릴 때부터 공부하는 편이 좋다는 생각을 가지고 있지만, 그렇다고 해서 억지로 주입식으로 가르치고 싶은 생각은 없다. 자연스럽게 외국어를 접하면 가장 좋다는 생각에, 아들이 어릴 때부터 일본어를 가르치려고 한국어와 일본어를 함께 병용하여 말을 했다. 다행히(?) 둘 다 알아듣고, 둘 다 말을 할 수 있어서 나를 기쁘게 해 준다.

이처럼 외국어라는 것은, 자연스럽게, 생활에서 배우는 것이 가장 좋지만, 현실적으로는 상당히 어렵다. 그리고 어른이 되어서 공부를 한다는 것은 더더욱 힘들 것이다. 아이들은 외국어라는 개념이 없이 저절로 몸으로 익히지만, 어른은 인위적으로 암기를 해야만 하기 때문이다. 문법이나, 어휘는 차치하고, 발음이나 자연스럽게 나오는 의성어나 의태어는 인위적으로 배우더라도, 현지인처럼 말하기는 상당히 어렵다. 그래서 이러한 능력을 자연스럽게 키우기 위해서, 저자뿐만 아니라, 다른 선생님들, 교수님들, 언어학자, 학원강사, 저자 분들이 상당히 많은 교수법이나 책을 저술하고 있다.

저자 역시 수많은 책을 집필할 때, 위에서 언급한 것과 같은 마음을 항상 염두에 둔다. 본 교재는 이 때까지 저자가 집필한 책과는 전혀 다른 분야이다. 주로 JPT와 JLPT에 관련된 교재를 집필해 왔다. JPT는 대한민국에서 최초로 집필하였다는 자부심은 가지고 있다. 하지만, SJPT는 집필한 경험이 없기 때문에, 본 교재를 저술하는데, 상당히 힘이 들었다. 왜냐하면, 본 교재로 학습한 분들이 소정의 레벨을 받아야만 저자도 보람을 느끼고, 만족을 할 것이기 때문이다. 그래서 많은 자료와 많은 지인들(일본인)의 도움을 받았다. 그림문제가 많은 시험인 만큼, 그림의 상황설정을 하는데 있어서도 대충 하지 않고, 전부 꼼꼼하게 체크를 했다. 몇 번의 감수와 교정을 통해서 겨우 졸작이지만, 본 교재를 출판하기에 이르렀다.

다시 저자의 아들에 대한 이야기이지만, 지금은 한국어와 일본어를 조금은 자연스럽게 구사한다. 아들에게 일본어를 가르친다는 심정으로 본 교재를 집필하였기에, 본 교재를 구입하신 학습자 분들도 목적하신 레벨의 점수를 받기를 기원해 마지 않는다.

참고로 저자 아들의 이름은, 본 교재의 출판사 이름과 같은, 「예빈우」이다.

사랑하는 아들을 생각하며,

저자 이 장 우

SJPT의 구성

SJPT는 7개 파트 총 26문제로 구성되어 있다. 모든 파트의 평가 시간은 50분인데, 오리엔테이션이 20분, 실제 시험시간은 30분 정도가 걸린다. 문제의 난이도는 기초적인 문제부터, 높은 수준의 문제로 배열되어 있으며, 각 파트의 문제는 그 파트에서 요구하는 방식으로 정확하게 대답을 해야만 고득점을 받을 수 있다.

구분	구성	문제 수	문제의 내용	답변 준비 시간	답변 시간
제 1 부	自己紹介 자기소개	4문제	자기소개	0초	10초
제 2 부	簡単な応答 간단한 응답	4문제	그림을 보고 간단한 질문에 대답하기	3초	6초
제 3 부	敏速な応答 신속한 응답	5문제	상황에 맞게 스피드하게 대답하기	2초	15초
제 4 부	短い応答 짧은 응답	5문제	자신의 생각에 대해서 이유를 설명하며 말하기	15초	25초
제 5 부	長い応答 긴 응답	4문제	생각과 의견을 묻는 질문에 논리적으로 대답하기	30초	50초
제 6 부	場面設定 장면 설정	3문제	그림의 내용을 들으면서, 상황에 맞추어 대답하기	30초	40초
제 7 부	連続した絵 연속된 그림	1문제	연속된 4개의 그림을 보고 스토리텔링하기	30초	90초

* 답변 준비 시간이란 각각의 문제에 대한 질문이 끝난 뒤, 발신음이 들릴 때까지의 시간입니다. 모든 질문에 대한 대답은 발신음이 울린 후에 하시면 됩니다.

* 모든 시험이 끝나면 마지막에 SJPT에 대해 자유롭게 이야기하는 시간이 30초 주어집니다. SJPT에 대한 의견이나 시험을 마친 소감 등을 간단히 말해 주세요.

평가 레벨

SJPT는 가장 낮은 등급인 Level 1부터 가장 높은 등급인 Level 10까지 총 10개의 등급으로 나누어 채점됩니다. 또한 동일한 Level 내에서도 응시자 간의 실력을 비교할 수 있도록 문법, 어휘, 발음, 유창성의 4가지 Skill을 별도로 채점해 가중치를 부여합니다.

Level		회화 능력 정도
Level 10	上級	어떤 화재나 상황에서도 자신의 의견을 논리적이고 정확하게 전개 가능한 수준
Level 9		대부분의 주제에 대해 일본인과 원활하게 의논 및 의사 소통이 가능한 수준
Level 8		다양하고 폭넓은 주제에 대한 자신의 주장과 그 근거를 말할 수 있을 정도의 대화가 가능한 수준
Level 7	中級	일본인과 대화할 때 대부분의 경우 자신의 의견을 효과적으로 전달이 가능한 수준
Level 6		어떤 주제에 대한 유창하지는 않더라도, 바르게 이해하고 그에 대한 설명 등이 가능한 수준
Level 5		일본에서 혼자 여행할 수 있는 정도의 의사소통이 가능한 수준
Level 4		안부나 약속시간의 확인 등 간단한 회화에 대응이 가능한 수준
Level 3		유창하지는 않더라도, 일상적인 주제에 대해 간단한 대화가 가능한 수준
Level 2	初級	날짜나 나이 등 자신과 관련된 질문에 대한 대답이 가능한 수준
Level 1		암기한 단어나 표현 위주로 기본적인 인사와 자기소개가 가능한 수준

각각의 파트의 특장과 공략방법

제 1 부 자기소개
이 파트는 매회 같은 문제가 출제가 된다. 따라서 정해진 질문에 대해서, 미리 준비한 대답을 확실하게, 자신감을 가지고 대답만 하면 된다. 2부 이후부터 출제되는 문제에 대해서, 긴장감을 푸는 단계이므로, 일본어로 대답할 수 있는 준비를 해 두자.

출제문항 : 4문항 응답준비 : 0초 응답시간 : 6초

제 2 부 간단한 응답
이 파트는 지시된 그림에 관한, 간단한 질문에 대해서 대답을 하는 문제가 출제된다. 답변 시간이 짧으므로 간략하고 정확하게 말하는 것이 포인트이다. 가장 쉬운 대답은 질문의 문구를 그대로 사용하는 것이다. 자주 다루는 질문은 숫자, 형용사, 기초수준의 동사이다. 일상생활에서 일어날 수 있는 상황에 대처를 할 수 있는가를 묻는 문제가 출제된다.

출제문항 : 4문항 응답준비 : 3초 응답시간 : 6초

제 3 부 신속한 응답
이 파트는 일상생활이 문제의 배경이 된다. 그림을 보고 상대방의 질문에 대해서 빠르게 그 상황에 맞는 응답을 하는 것인데, 일상생활에서 일어날 수 있는 상황에 대처할 수 있는지를 묻는 문제이기 때문에, 응답을 준비할 시간은 아주 짧은 2초에 불과하다. 그리고, 질문하는 사람이 윗사람인지 친구인지에 따라서, 보통어를(반말을) 사용해야 할지, 존경표현을 사용해야 할지를 구분해야 한다.

출제문항 : 5문항 응답준비 : 2초 응답시간 : 15초

제 4 부 짧은 응답
이 파트는 그림은 제시 되지 않는다. 출제되는 문제는, 주로 자신의 경험과 견해, 생각 등에 대해서이다. 특히 자신의 취향이나 견해를 두 가지 의견 속에서 선택해서 응답을 하는 문제가 자주 출제된다. 고득점을 얻기 위해서는 조금 긴 시간

답변을 하는 것이 중요한데, 다른 사람이 나의 의견을 들었을 때, 설득력이 있도록 이유와 예를 들면서 말하도록 하자. 중급이상의 대답을 요구하므로, 평소에 자신이 가지고 있는 생각을 일본어로 말하는 연습을 해 두는 것이 좋다.

출제문항 : 5문항 응답준비 : 15초 응답시간 : 25초

제 5 부 긴 응답

이 파트는 제4부 짧은 응답과 마찬가지로 그림은 제시 되지 않는다. 유형은, 제4부의 자신의 경험을 묻는 것과는 다르게, 전반적인 사회문제나, 최근의 한국의 경향에 대해서 묻는 문제가 많다. 따라서 평소에 사회문제와 시사와 관련된 것을 어느 정도 알아두어야만 대답을 할 때 부담이 없어진다. 즉, 일본어의 말하기 능력뿐만 아니라, 시사적인 상식에 대해서도 알아두어야만 고득점을 받을 수 있다. 대답을 할 때 주의할 점은, 자신의 경험이나 주장 등을 말하지 않고, 사회문제로서의 인식을 가지면서, 넓은 안목으로 객관적으로 대답해야 한다. 답변을 준비하는 시간에, 충분히 어떻게 대답을 해야 할 지를 미리 준비하는 습관을 기르도록 하자. 가장 좋은 응답방법은,
자신의 의견이나 주장→이유설명(인용이나 예를 들음)→결론에 도달
이다.

출제문항 : 4문항 응답준비 : 30초 응답시간 : 50초

제 6 부 장면설정

이 파트는 한 장의 그림이 제시되며, 그 그림에 대한 자세한 설명이 나와 있다. 수험자가 그림 속의 입장이 되어, 질문의 상황에 맞는 응답을 하는 형식이다. 딱딱한 형태의 시사나 상식을 묻는 문제가 아니고, 일상생활에서 일어날 수 있는 상황이 제시되므로, 거기에 맞는 일상회화로 응답을 해야 한다. 질문과 그림의 상황에 맞게 경어를 사용해야 할지, 친구들끼리 사용하는 어투를 사용해야 할 지도 구분해야 하므로, 능숙한 회화표현을 요구하는 파트이기도 하다. 주로, 의뢰, 거절, 감사의 말, 설득, 사과 등의 문제가 출제된다. 회화표현에서의 축약형이나, 「です」「ます」의 정확한 표현을 잘 말할 수 있어야만 고득점을 받을 수 있다.

출제문항 : 3문항 응답준비 : 30초 응답시간 : 40초

제 7 부 연속된 그림

이 파트는 1번부터 4번까지의 4장의 그림이 제시되며, 수험자는 이 그림을 보고 스토리텔링을 하는 것이다. 응답 시간이 가장 길기 때문에, 그림에 제시된 상황, 예를 들면, 인물의 표정, 배경, 날씨 등등에 대해서 아주 상세하게 묘사하는 것이 좋다. 그러나 4장의 그림이 하나의 스토리가 될 수 있도록 구성하는 것이 고득점을 받을 수 있는 포인트이다. 따라서 응답준비시간에 전체적인 스토리를 구성해 놓고 나서 응답을 해야만 높은 레벨을 받을 수 있다. 수험자가 하는 말만으로도 듣는 사람이 4장의 그림을 보지 않더라도 상황을 이해할 수 있도록 하는 것이 핵심이다.

출제문항 : 1문항 응답준비 : 30초 응답시간 : 90초

교재의 구성 및 특징

SJPT는 일본어 말하기 시험이므로, 문법적인 표현이나 설명보다, 회화적인 표현을 더욱 많이 학습을 해야만 고득점을 받을 수 있다. 물론, 문법적으로 완성되지 않은 표현으로 응답을 했을 경우에는, 낮은 레벨의 자격을 취득한다. 다만, 학습자가 기본적인 문법을 숙지하고, 본 교재로 공부를 한다면, SJPT에 대해서 충분한 자신감을 가질 수 있을 것이다.

본 교재는 각각의 파트에서 알아야 할 어휘나 표현을, 실전문제에 대비해서 완벽하게 구성하였다. 어휘뿐만 아니라, 문장에 대한 이해도를 높이기 위해서, 실전에서 바로 사용할 수 있는 예문도 충분히 게재하였으므로, 학습자가 스스로 문장을 만들어야 하는 수고를 줄일 수 있도록 하였다.

각 파트에서는 실전에서 알아야 할 기본적인 문제 형식을 게재함으로써, 어떤 식으로 문제를 풀어야 하는가에 대한 충분한 대비를 할 수 있도록 하였다. 그리고, 각 파트별로 출제 예상되는 문제를 세분화하여 나누었기 때문에, 학습자가 자신이 부족한 파트를 집중적으로 공부할 수 있도록 하였다. 파트별로 세분화된 문제는 각 파트의 특성에 따라 다수의 문제로 구성하였다.

응답의 예를 한 개가 아닌, 두 개를 실음으로써, 학습자 수준에 맞는 대답형식을 선택할 수 있도록 하였다. SJPT는 정답이 있는 것이 아니고, 모범답안이 있다. 따라서 높은 레벨의 점수를 받기 위해서는, 일정할 룰에 따라서 응답을 하는 것이 가장 중요하다. 이러한 형식은, 응답의 예에서 충분히 이해할 수 있을 것이다.

응답을 할 때의 알아야 할 표현과, 각 파트별에 맞춘 기본적인 회화, 문형, 예문들을 공부함으로써, 학습자들이 앞으로 실전에서 어떤 방식으로 대답을 해야 할지를 알 수 있도록 하였다. 실제 일본인들이 가장 많이 사용하는 예문과 어휘, 문장형식으로 게재되어 있으므로, SJPT를 채점하는 일본인 선생님들이 높은 레벨의 점수를 줄 수밖에 없도록 구성하였다.

SJPT의 구성
평가레벨
각각의 파트의 특징과 공략방법
교재의 구성 및 특징

제 1 부 自己紹介(자기소개)   017

유형01 자기소개   018
-실전문제
-응답의 예
-취미와 관련된 어휘

제 2 부 簡単な応答(간단한 응답)   023

유형01	1. 명사	025
유형02	2. 수・시간・단위	041
유형03	3. 날짜・요일	050
유형04	4. 위치	054
유형05	5. 사람 및 동물	058
유형06	6. 날씨	062
유형07	7. 장소	066
유형08	8. 형용사(い형용사・な형용사)	070
유형09	9. 동사	079
유형10	10. 허가・금지・가능	088

제 3 부 敏速な応答(신속한 응답)   093

유형01 1. 부탁   095
-필수표현
-실전문제
-응답의 예

유형02 2. 권유   100
-필수표현
-실전문제-
-응답의 예

유형03 3. 가정과 조건   105
-필수표현

-실전문제
-응답의 예
유형04　4. 의향　　　　　　　　　　　　　　110
-필수표현
-실전문제
-응답의 예
유형05　5. 전화응대　　　　　　　　　　　　115
-필수표현
-실전문제
-응답의 예
유형06　6. 존경표현　　　　　　　　　　　　121
-필수표현
-실전문제
-응답의 예
유형07　7. 이유와 원인　　　　　　　　　　　128
-필수표현
-실전문제
-응답의 예
유형08　8. 전문　　　　　　　　　　　　　　133
-필수표현
-실전문제
-응답의 예
유형09　9. 양태　　　　　　　　　　　　　　138
-필수표현
-실전문제
-응답의 예
유형10　10. 예정　　　　　　　　　　　　　142
-필수표현
-실전문제
-응답의 예

제 4 부 **短い応答(짧은 응답)**　　　　　　　　148

유형01　1. 이유설명　　　　　　　　　　　　150
-필수표현
-실전문제
-응답의 예
유형02　2. 선택과 비교　　　　　　　　　　158

-필수표현
-실전문제
-응답의 예

유형03　3. 능력　　　　　　　　　　　　　　　　165
-필수표현
-실전문제
-응답의 예

유형04　4. 장점과 단점　　　　　　　　　　　　171
-필수표현
-실전문제
-응답의 예

유형05　5. 경험과 희망　　　　　　　　　　　　178
-필수표현
-실전문제
-응답의 예

제 5 부 長い応答(긴 응답)　　　　　　　　　186

유형01　1. 경제　　　　　　　　　　　　　　　187
-필수표현
-실전문제
-응답의 예

유형02　2. 사회복지　　　　　　　　　　　　　196
-필수표현
-실전문제
-응답의 예

유형03　3. 환경　　　　　　　　　　　　　　　204
-필수표현
-실전문제
-응답의 예

유형04　4. 교육과 취업　　　　　　　　　　　　212
-필수표현
-실전문제
-응답의 예

유형05　5. 비즈니스　　　　　　　　　　　　　220
-필수표현
-실전문제
-응답의 예

제 6 부 場面設定(장면설정)   228

유형01   1. 부탁·의뢰·명령   230
-필수표현
-실전문제
-응답의 예

유형02   2. 거절   239
-필수표현
-실전문제
-응답의 예

유형03   3. 감사의 말   248
-필수표현
-실전문제
-응답의 예

유형04   4. 설득·제안의 표현   256
-필수표현
-실전문제
-응답의 예

유형05   5. 사과의 표현   264
-필수표현
-실전문제
-응답의 예

제 7 부 連続した絵(연속된 그림)   272

유형01   1. わけ   273
-필수표현

유형02   2. べき   274
-필수표현

유형03   3. はず   275
-필수표현

유형04   276
-실전문제

自己紹介 자기소개

실전문제
응답의 예

취미와 관련된 어휘
-집에서 할 수 있는 취미
-몸을 움직이는 취미
-돈이 들지 않는 취미
-여성이 즐길 수 있는 취미
-비가 내리는 날에도 즐길 수 있는 취미
-가족과 함께 즐길 수 있는 취미

제 1 부 自己紹介

ここでは4つの問題について質問されます。発信音がなったら各問題に答えてください。では、始めます。

問題1．お名前は何とおっしゃいますか。

発信音　　　　　　　　　　　　　(10秒)　　　　　　　　　　　　終わりです

問題2．どこに住んでいますか。

発信音　　　　　　　　　　　　　(10秒)　　　　　　　　　　　　終わりです

問題3．誕生日はいつですか。

発信音　　　　　　　　　　　　　(10秒)　　　　　　　　　　　　終わりです

問題4．趣味は何ですか。

発信音　　　　　　　　　　　　　(10秒)　　　　　　　　　　　　終わりです

응답의 예

問題1．お名前は何とおっしゃいますか。

응답의 예 1 　　　キムです。
응답의 예 2 　　　キムと申します。

Q　성함은 어떻게 되십니까?　1. 김입니다.　　　　2. 김이라고 합니다.

단어설명
お名前 이름, 성명　何と 뭐라고　おっしゃる「言う-말하다」의 존경어　申す「言う-말하다」의 겸양표현

問題2．どこに住んでいますか。

응답의 예 1 　　　カンナン区です。
응답의 예 2 　　　ソウルのカンナン区に住んでいます。

Q　어디에 삽니까?
1. 강남구입니다.
2. 서울 강남구에 삽니다.

단어설명
~に住む ~에(서) 살다(거주하다)　区 구

問題3．誕生日はいつですか。

응답의 예 1 　　　2月5日です。
응답의 예 2 　　　1989年2月5日です。

Q　생일은 언제입니까?
1. 2월 5일입니다.
2. 1989년 2월 5일입니다.

단어설명
誕生日 생일

問題4．趣味は何ですか。

응답의 예 1　　スポーツです。
응답의 예 2　　スポーツです。特にバスケットボールをよくやっています。

Q 취미는 무엇입니까?
1. 스포츠입니다.
2. 스포츠입니다. 특히 농구를 자주 하고 있습니다.

단어설명
趣味(しゅみ) 취미　特(とく)に 특히　バスケットボール 농구　大好(だいす)きだ 아주 좋아하다

취미와 관련된 어휘

집에서 할 수 있는 취미

ネットオークション	인터넷경매	アロマテラピー	아로마테라피
切手集め	우표수집	アクセサリー作り	액세서리만들기
ミニチュア集め	미니어처수집	ウェブ作成	웹작성
株式投資	주식투자	ネットサーフィン	인터넷서핑
料理	요리	ツイッター	트위터
インテリア	인테리어	ダーツ	다트
外国の勉強	외국어공부	ネットゲーム	인터넷게임

몸을 움직이는 취미

ピラティス	필라테스	サッカー	축구
バレーボール	배구	スキューバダイビング	스쿠버다이빙
ビリヤード	당구	テニス	테니스
バドミントン	배드민턴	水泳	수영
ハイキング	하이킹	柔道	유도
バスケットボール	농구	剣道	검도
野球	야구	エアロビクス	에어로빅

돈이 들지 않는 취미

ブログ	블로그	ジャグリング	저글링
フリーマーケット	벼룩시장	折り紙	종이 접기
公園めぐり	공원순회	手品	마술
トランプ	트럼프	ブーメラン	부메랑
将棋を差す	장기를 두다	掃除	청소
散歩	산책	ラジオを聞く	라디오를 듣다
ジョギング	조깅	粘土	점토

여성이 즐길 수 있는 취미			
カフェめぐり	카페순회	茶道	다도
ヨガ	요가	自転車に乗る	자전거를 타다
ドライフラワー	드라이플라워	ショッピング	조깅
手芸	수예	ケーキ作り	케이크만들기
刺繍	자수	海外旅行	해외여행
生け花	꽃꽂이	コンサートを見る	콘서트를 보다
ダンス	댄스	ミュージカルを見る	뮤지컬을 보다

비가 내리는 날에도 즐길 수 있는 취미			
読書	독서	デパ地下めぐり	백화점지하상가순회
陶芸	도예	ガラス工芸	유리공예
カラオケ	가라오케	ドライブ	드라이브
ボーリング	볼링	絵を描く	그림을 그리다
ゲームセンター	게임센터(오락실)	ワイン	와인
映画鑑賞	영화감상	バルーンアート	풍선아트
博物館めぐり	박물관순회	書道	서예

가족과 함께 즐길 수 있는 취미			
釣り	낚시	キャンプ	캠핑
バーベキュー	바비큐	キャッチボール	캐치볼
スポーツ観戦	스포츠관전	温泉に行く	온천에 가다
ピクニック	피크닉	スゴロク	주사위 놀이
天体観測	천체관측	絵本を見る	그림책을 본다
プラネタリウム	천구(天球)상에서의 천체의 위치·운동을 설명하기 위한 정밀한 구조를 가진 광학장치	ラジコン	무선조종
ラフティング	레프팅	レゴ	레고

簡単な応答 간단한 응답

1. 명사
-집에서 할 수 있는 취미
실전문제
응답의 예
-몸을 움직이는 취미
실전문제
응답의 예
-돈이 들지 않는 취미
실전문제
응답의 예
-여성이 즐길 수 있는 취미
실전문제
응답의 예
-비가 내리는 날에도 즐길 수 있는 취미
실전문제
응답의 예
-가족과 함께 즐길 수 있는 취미
실전문제
응답의 예

2. 수・시간・단위
(1) 수
(2) 조수사-1・조수사-2
(3) 시간・때
실전문제
응답의 예

3. 날짜・요일
(1) 월
(2) 일
실전문제
응답의 예

4. 위치
위치와 관련된 어휘
실전문제
응답의 예

5. 사람 및 동물
사람 및 동물과 관련된 어휘
실전문제
응답의 예

6. 날씨
날씨와 관련된 어휘
실전문제
응답의 예

7. 장소
장소와 관련된 어휘

8. 형용사(い형용사・な형용사)
い형용사・な형용사와 관련된 어휘
실전문제
응답의 예

9. 동사
동사 와 관련된 어휘
실전문제
응답의 예

10. 허가・금지・가능
1. ~てもいいです

2. ~てはいけません

3. 동사기본형+ことができます

실전문제
응답의 예

제 2 부 簡単な応答

필수 어휘 및 표현

1. 명사

生活用品			
ハンガー	행거	ほうき	빗자루
布団バサミ	이불빨래집게	花瓶	꽃병
洗濯バサミ	빨래집게	ゴミ箱	쓰레기통
タオル	타월	くし	빗
歯ブラシ	칫솔	座布団	방석
歯磨き粉	치약	スリッパ	슬리퍼
せっけん	비누	靴	신발, 구두
バスマット	욕실매트	財布	지갑
シャワーカーテン	샤워커튼	水筒	물통
傘	우산	包丁	부엌칼

실전문제

ここでは２つの問題について質問されます。この問題は、絵を見ながら簡単な質問に答える問題です。まず、絵を見ながら問題を聞いてください。発信音の後の応答時間は６秒です。では、始めます。

問題１．

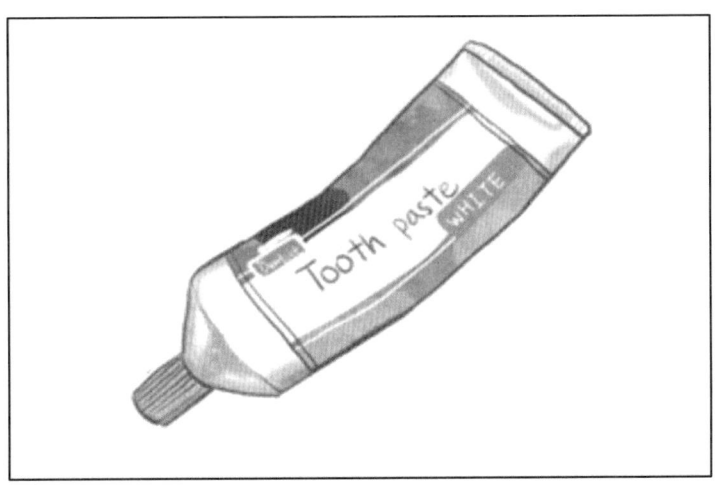

（３秒）発信音　　　　　　　　　　（6秒）　　　　　　　　　　　　終わりです

応答_____

_____

問題２．

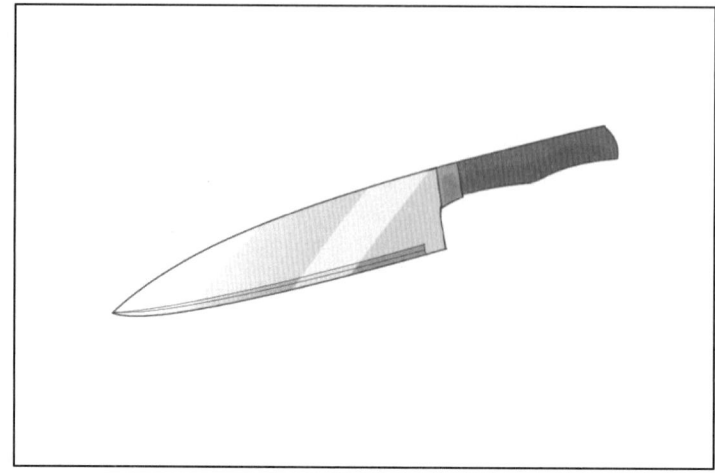

　　　（３秒）発信音　　　　　　　　　　(6秒)　　　　　　　　　　　　終わりです

応答_____

_____

응답의 예

問題1．これは何ですか。

응답의 예 1　　歯磨き粉です。
응답의 예 2　　これは歯を磨く時に使う歯磨き粉です。

Q　이것은 무엇입니까?
1. 치약입니다.
2. 이것은 이를 닦을 때에 사용하는 치약입니다.

단어설명
何 무엇　歯磨き粉 치약　歯 이　磨く 닦다　時 때　使う 사용하다

問題2．これは何ですか。

응답의 예 1　　包丁です。
응답의 예 2　　これは台所で使う包丁です。

Q　이것은 무엇입니까?
1. 부엌칼입니다.
2. 이것은 부엌에서 사용하는 부엌칼입니다.

단어설명
包丁 부엌칼　台所 부엌

탈 것			
船(ふね)	배	白(しろ)バイ	경찰오토바이
飛行機(ひこうき)	비행기	そり	썰매
自動車(じどうしゃ)	자동차	タクシー	택시
汽車(きしゃ)	기차	地下鉄(ちかてつ)	지하철
消防車(しょうぼうしゃ)	소방차	特急列車(とっきゅうれっしゃ)	특급열차
ベビーカー	유모차	はしご車(しゃ)	사다리 차
オートバイ	오토바이	メリーゴーランド	회전목마
救急車(きゅうきゅうしゃ)	구급차	郵便車(ゆうびんしゃ)	우체국 차
クレーン車	크레인, 기중기	パワーショベル	불도저
コンテナトラック	컨테이너트럭	ワゴン車	왜건, 봉고차

실전문제

ここでは２つの問題について質問されます。この問題は、絵を見ながら簡単な質問に答える問題です。まず、絵を見ながら問題を聞いてください。発信音の後の応答時間は６秒です。では、始めます。

問題１．

（３秒）発信音　　　　　　　　　　（６秒）　　　　　　　　　　終わりです

応答＿＿＿＿＿＿＿＿＿＿＿＿＿＿＿＿＿＿＿＿＿＿＿＿＿＿＿＿＿＿＿＿＿＿

問題２．

　　（３秒）発信音　　　　　　　　（6秒)　　　　　　　　終わりです

応答_____

_____

응답의 예

問題1. これは何ですか。

응답의 예 1　　消防車です。
응답의 예 2　　これは火事が起きた時に使う消防車です。

Q　이것은 무엇입니까?
1. 소방차입니다.
2. 이것은 화재가 일어났을 때에 사용하는 소방차입니다.

단어설명
消防車(しょうぼうしゃ) 소방차　火事(かじ) 화재　起(お)きる 일어나다　時(とき) 때　使(つか)う 사용하다

問題2. これは何ですか。

응답의 예 1　　メリーゴーランドです。
응답의 예 2　　これは遊園地にあるメリーゴーランドです。

Q　이것은 무엇입니까?
1 회전목마입니다.
2. 이것은 유원지에 있는 회전목마입니다.

단어설명
メリーゴーランド 회전목마　遊園地(ゆうえんち) 유원지

전자제품 및 가구				
テレビ	텔레비전	掃除機（そうじき）	청소기
ラジオ	라디오	洗濯機（せんたくき）	세탁기
アイロン	다리미	コーヒーメーカー	커피메이커
冷蔵庫（れいぞうこ）	냉장고	本棚（ほんだな）	책장
エアコン	에어컨	棚（たな）	선반
オーブンレンジ	오븐레인지	椅子（いす）	의자
カーオーディオ	카 오디오	机（つくえ）	책상
加湿器（かしつき）	가습기	テーブル	테이블
コードレス電話（でんわ）	무선전화	ソファー	소파
扇風機（せんぷうき）	선풍기	クロゼット	벽장

실전문제

ここでは２つの問題について質問されます。この問題は、絵を見ながら簡単な質問に答える問題です。まず、絵を見ながら問題を聞いてください。発信音の後の応答時間は６秒です。では、始めます。

問題１．

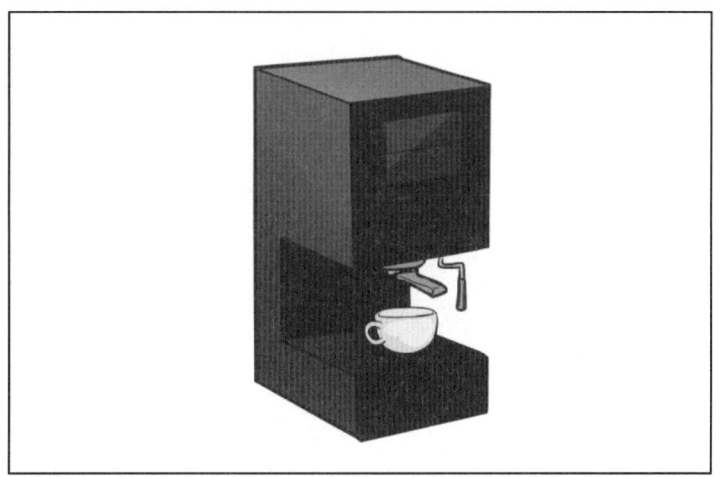

（３秒）発信音　　　　　　　　　(6秒)　　　　　　　　　終わりです

応答＿＿＿＿＿＿＿＿＿＿＿＿＿＿＿＿＿＿＿＿＿＿＿＿＿＿＿＿＿＿＿＿＿

＿＿＿＿＿＿＿＿＿＿＿＿＿＿＿＿＿＿＿＿＿＿＿＿＿＿＿＿＿＿＿＿＿＿＿

問題2.

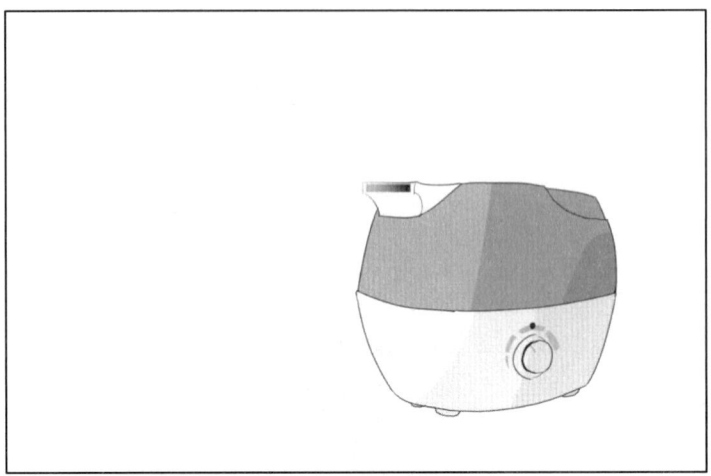

（3秒）発信音　　　　　　　　(6秒)　　　　　　　　　　終わりです

応答_____

_____

응답의 예

問題1．これは何ですか。

응답의 예 1　　　コーヒーメーカーです。
응답의 예 2　　　これはコーヒーを自動的に作るコーヒーメーカーです。

Q　이것은 무엇입니까?
1. 커피메이커입니다.
2. 이것은 커피를 자동적으로 만드는 커피메이커입니다.

단어설명
コーヒーメーカー 커피메이커　自動的(じどうてき) 자동적　作(つく)る 만들다

問題2．これは何ですか。

응답의 예 1　　　加湿器です。
응답의 예 2　　　これは湿度を保つための加湿器です。

Q　이것은 무엇입니까?
1 가습기입니다.
2. 이것은 습도를 유지하기 위한 가습기입니다.

단어설명
加湿器(かしつき) 가습기　湿度(しつど) 습도　保(たも)つ 유지하다　~ための ~하기 위한

문방구			
鉛筆(えんぴつ)	연필	カッター	커터, 칼
消(け)しゴム	지우개	ホワイトボード	화이트보드
ボールペン	볼펜	筆箱(ふでばこ)	필통
万年筆(まんねんひつ)	만년필	ノート	노트
手帳(てちょう)	수첩	スタンプ	스탬프
ホッチキス	호치키스, 스테이플러	電卓(でんたく)	전자계산기
のり	풀	シャープペン	샤프펜슬
クリップ	클립	修正(しゅうせい)テープ	수정테이프
はさみ	가위	インク	잉크
ネームカード	네임카드	辞書(じしょ)	사전

실전문제

ここでは２つの問題について質問されます。この問題は、絵を見ながら簡単な質問に答える問題です。まず、絵を見ながら問題を聞いてください。発信音の後の応答時間は６秒です。では、始めます。

問題１．

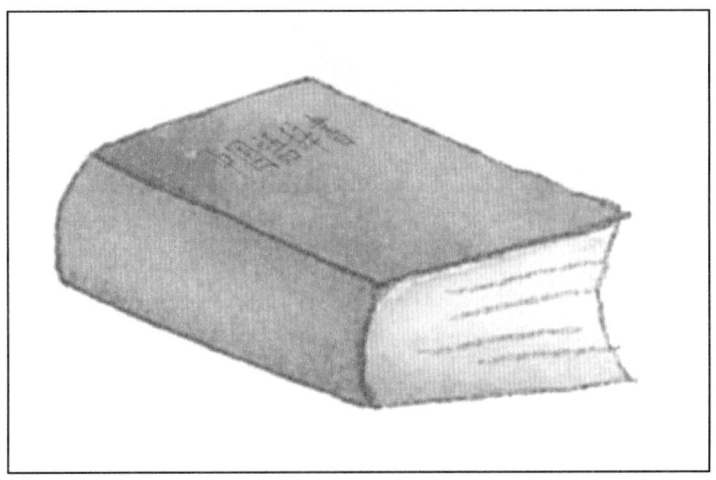

（３秒）発信音　　　　　　　　　（６秒）　　　　　　　　　終わりです

応答＿＿＿＿＿＿＿＿＿＿＿＿＿＿＿＿＿＿＿＿＿＿＿＿＿＿＿＿＿＿＿＿＿＿

＿＿＿＿＿＿＿＿＿＿＿＿＿＿＿＿＿＿＿＿＿＿＿＿＿＿＿＿＿＿＿＿＿＿＿＿

問題２．

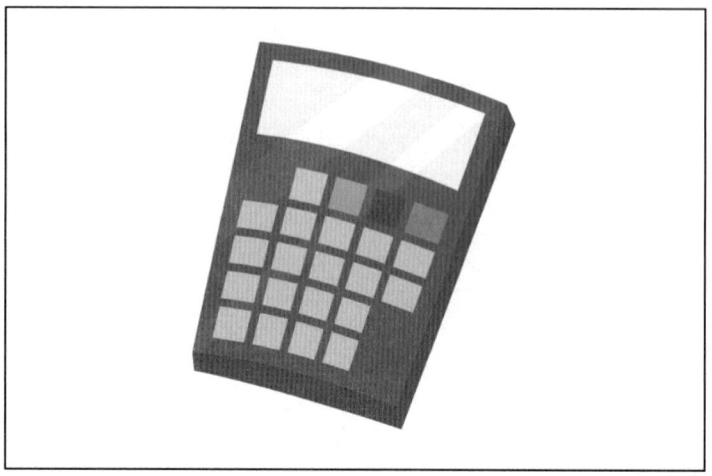

（３秒）発信音　　　　　　　　　(6秒)　　　　　　　　　　終わりです

応答_____

_____

응답의 예

問題１．これは何ですか。

응답의 예 １　　　辞書です。
응답의 예 ２　　　これは中国語の辞書です。

Q　이것은 무엇입니까?
1. 사전입니다.
2. 이것은 중국어 사전입니다.

단어설명
辞書(じしょ) 사전　中国語(ちゅうごくご) 중국어

問題２．これは何ですか。

응답의 예 １　　　電卓です。
응답의 예 ２　　　これは計算を行う電卓です。

Q　이것은 무엇입니까?
1. 전자계산기입니다.
2. 이것은 계산을 행하는 전자계산기입니다.

단어설명
電卓(でんたく) 전자계산기　計算(けいさん) 계산　行う(おこな) 행하다

2. 수・시간・단위

(1) 수

0	ゼロ・れい	7	しち・なな	14	じゅうよん・じゅうし
1	いち	8	はち	15	じゅうご
2	に	9	きゅう・く	16	じゅうろく
3	さん	10	じゅう	17	じゅうしち・じゅうなな
4	よん・し	11	じゅういち	18	じゅうはち
5	ご	12	じゅうに	19	じゅうきゅう・じゅうく
6	ろく	13	じゅうさん	20	にじゅう

30	さんじゅう	100	ひゃく	1000	せん
40	よんじゅう	200	にひゃく	2000	にせん
50	ごじゅう	300	**さんびゃく**	3000	**さんぜん**
60	ろくじゅう	400	よんひゃく	4000	よんせん
70	しちじゅう・ななじゅう	500	ごひゃく	5000	ごせん
80	はちじゅう	600	**ろっぴゃく**	6000	ろくせん
90	きゅうじゅう	700	ななひゃく	7000	ななせん
		800	**はっぴゃく**	8000	**はっせん**
		900	きゅうひゃく	9000	きゅうせん

10,000	**いちまん**	1,000,000	ひゃくまん	100,000,000	いちおく
100,000	じゅうまん	10,000,000	せんまん	얼마	**いくら**

(2) 조수사-1

	~つ ~개	~人 ~명,~사람	~歳 ~세,~살	~冊 ~권	~匹 ~마리
1	ひとつ	ひとり	**いっさい**	**いっさつ**	**いっぴき**
2	ふたつ	ふたり	にさい	にさつ	にひき
3	みっつ	さんにん	さんさい	さんさつ	**さんびき**
4	よっつ	**よにん**	よんさい	よんさつ	よんひき
5	いつつ	ごにん	ごさい	ごさつ	ごひき
6	むっつ	ろくにん	ろくさい	ろくさつ	**ろっぴき**
7	ななつ	しちにん / ななにん	ななさい	ななさつ	ななひき
8	やっつ	はちにん	**はっさい**	**はっさつ**	**はっぴき**
9	ここのつ	きゅうにん	きゅうさい	きゅうさつ	きゅうひき
10	とお	じゅうにん	**じ(ゅ)っさい**	**じ(ゅ)っさつ**	**じ(ゅ)っぴき**
	いくつ 몇 개	何人(なんにん) 몇 명	何歳(なんさい) 몇 살	何冊(なんさつ) 몇 권	何匹(なんびき) 몇 마리

(2) 조수사-2

	~本 ~병,~자루	~階 ~층	~回 ~회,~번	~枚 ~장	~台 ~대
1	**いっぽん**	**いっかい**	**いっかい**	いちまい	いちだい
2	にほん	にかい	にかい	にまい	にだい
3	**さんぼん**	**さんがい**	さんかい	さんまい	さんだい
4	よんほん	よんかい	よんかい	よんまい	よんだい
5	ごほん	ごかい	ごかい	ごまい	ごだい
6	**ろっぽん**	**ろっかい**	**ろっかい**	ろくまい	ろくだい
7	ななほん	ななかい	ななかい	ななまい	ななだい
8	**はちほん / はっぽん**	**はちかい / はっかい**	**はちかい / はっかい**	はちまい	はちだい
9	きゅうほん	きゅうかい	きゅうかい	きゅうまい	きゅうだい
10	**じ(ゅ)っぽん**	**じ(ゅ)っかい**	**じ(ゅ)っかい**	じゅうまい	じゅうだい
	何本(なんぼん) 몇 병	何階(なんがい) 몇 층	何回(なんかい) 몇 번	何枚(なんまい) 몇 장	何台(なんだい) 몇 대

(3) 시간・때

	~時 ~시		~分 ~분
1	いちじ	1	いっぷん
2	にじ	2	にふん
3	さんじ	3	さんぷん
4	よじ	4	よんぷん
5	ごじ	5	ごふん
6	ろくじ	6	ろっぷん
7	しちじ	7	しちふん・ななふん
8	はちじ	8	はっぷん・はちふん
9	くじ	9	きゅうふん
10	じゅうじ	10	じ(ゅ)っぷん
11	じゅういちじ	20	にじ(ゅ)っぷん
12	じゅうにじ	30	さんじ(ゅ)っぷん・半(はん)
	何時(なんじ) 몇 시	40	よんじ(ゅ)っぷん
		50	ごじ(ゅ)っぷん
		60	ろくじ(ゅ)っぷん
			何分(なにぷん) 몇 분

오전	오후	~정도, ~쯤	~경, ~쯤	아침	점심	저녁	밤
午前(ごぜん)	午後(ごご)	~ぐらい	~頃(ごろ)	朝(あさ)	昼(ひる)	夕方(ゆうがた)	夜(よる)

실전문제

ここでは4つの問題について質問されます。この問題は、絵を見ながら簡単な質問に答える問題です。まず、絵を見ながら問題を聞いてください。発信音の後の応答時間は6秒です。では、始めます。

問題1.

（3秒）発信音　　　　　　　　　　（6秒）　　　　　　　　　　終わりです

応答_____

問題２．

（３秒）発信音　　　　　　　　(6秒)　　　　　　　　　終わりです

応答＿＿＿＿＿＿＿＿＿＿＿＿＿＿＿＿＿＿＿＿＿＿＿＿＿＿＿＿＿＿＿

＿＿＿＿＿＿＿＿＿＿＿＿＿＿＿＿＿＿＿＿＿＿＿＿＿＿＿＿＿＿＿＿＿＿

問題3．

（3秒）発信音　　　　　　　　（6秒）　　　　　　　　終わりです

応答_____

問題４．

（３秒）発信音　　　　　　　　　（６秒）　　　　　　　　　　終わりです

応答_____

_____

응답의 예

問題１．今何時ですか。

응답의 예 １　　　９時３６分です。
응답의 예 ２　　　今９時３６分です。

Q　지금 몇 시입니까?
1. 9시 36분입니다.
2. 지금 9시 36분입니다.

단어설명
今 지금　何時 몇 시　9時 9시　３６分(さんじゅうろっぷん) 36분

問題２．瓶ビールは何本ありますか。

응답의 예 １　　　３本あります。
응답의 예 ２　　　瓶ビールは３本あります。

Q　병 맥주는 몇 병 있습니까?
1. 3병 있습니다.
2. 병 맥주는 3병 있습니다.

단어설명
瓶ビール 병 맥주　何本 몇 병　3本 3병　缶 캔

問題３．犬は何匹いますか。

응답의 예 １　　　三匹います。
응답의 예 ２　　　犬は三匹います。

Q　개는 몇 마리 있습니까?
1. 세 마리 있습니다.
2. 개는 세 마리 있습니다.

단어설명
犬(いぬ) 개　何匹(なんびき) 몇 마리　三匹(さんびき) 세 마리　猫(ねこ) 고양이

問題4．梨はいくらですか。

응답의 예 1　　　三千円です。
응답의 예 2　　　梨は三千円です。

Q　배는 얼마입니까?
1. 3천 엔입니다.
2. 배는 3천 엔입니다.

단어설명
梨(なし) 배　三千円(さんぜんえん) 3천 엔　ぶどう 포도

3. 날짜 · 요일

(1) 월

1月	いちがつ	7月	しちがつ	何月 몇 월
2月	にがつ	8月	はちがつ	
3月	さんがつ	9月	くがつ	
4月	しがつ	10月	じゅうがつ	
5月	ごがつ	11月	じゅういちがつ	
6月	ろくがつ	12月	じゅうにがつ	

(2) 일

1日	ついたち	9日	ここのか	17日	じゅうしちにち	25日	にじゅうごにち
2日	ふつか	10日	とおか	18日	じゅうはちにち	26日	にじゅうろくにち
3日	みっか	11日	じゅういちにち	19日	じゅうくにち	27日	にじゅうしちにち
4日	よっか	12日	じゅうににち	20日	はつか	28日	にじゅうはちにち
5日	いつか	13日	じゅうさんにち	21日	にじゅういちにち	29日	にじゅうくにち
6日	むいか	14日	じゅうよっか	22日	にじゅうににち	30日	さんじゅうにち
7日	なのか	15日	じゅうごにち	23日	にじゅうさんにち	31日	さんじゅういちにち
8日	ようか	16日	じゅうろくにち	24日	にじゅうよっか		何日 몇 일

(3) 요일

월요일	화요일	수요일	목요일	금요일	토요일	일요일	무슨 요일
げつようび 月曜日	かようび 火曜日	すいようび 水曜日	もくようび 木曜日	きんようび 金曜日	どようび 土曜日	にちようび 日曜日	なんようび 何曜日

실전문제

ここでは２つの問題について質問されます。この問題は、絵を見ながら簡単な質問に答える問題です。まず、絵を見ながら問題を聞いてください。発信音の後の応答時間は６秒です。では、始めます。

問題１．

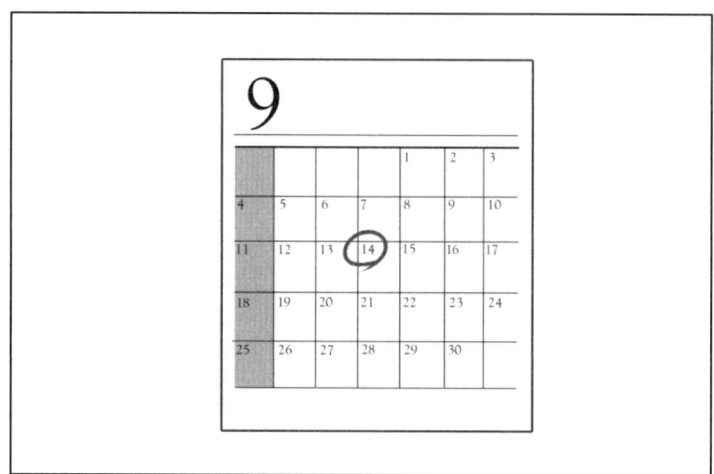

（３秒）発信音　　　　　　　　　　（６秒)　　　　　　　　　　　終わりです

応答_____

_____

問題２．

（３秒）発信音　　　　　　　　　　(6秒)　　　　　　　　　　終わりです

応答＿＿＿＿＿＿＿＿＿＿＿＿＿＿＿＿＿＿＿＿＿＿＿＿＿＿＿＿＿＿＿＿

＿＿＿＿＿＿＿＿＿＿＿＿＿＿＿＿＿＿＿＿＿＿＿＿＿＿＿＿＿＿＿＿＿＿

응답의 예

問題１．今日は何月何日ですか。

응답의 예 １　　　９月１４日です。
응답의 예 ２　　　今日は９月１４日です。

Q　오늘은 몇 월 며칠입니까?
1. 9월 14일입니다.
2. 오늘은 9월 14일입니다.

단어설명
今日 오늘　何月 몇 월　何日 며칠　9月 9월　１４日(じゅうよっか) 14일

問題２．女の人の誕生日はいつですか。

응답의 예 １　　　１９７９年４月８日です。
응답의 예 ２　　　女の人の誕生日は１９７９年４月８日です。

Q　여자의 생일은 언제입니까?
1. 1979년 4월 8일입니다.
2. 여자의 생일은 1979년 4월 8일입니다.

단어설명
女の人 여자　誕生日 생일　１９７９(せんきゅうひゃくななじゅうきゅう)年 1979년　４月 4월　８日 8일

4. 위치

위치			
右 (みぎ)	오른쪽	斜め上 (ななめうえ)	대각 위
左 (ひだり)	왼쪽	斜め下 (ななめした)	대각 아래
上 (うえ)	위	片側 (かたがわ)	한 측
中 (なか)	안	両側 (りょうがわ)	양측
下 (した)	아래	一方 (いっぽう)	한쪽
真ん中 (まんなか)	한 가운데	両方 (りょうほう)	양쪽
隣 (となり)	옆, 이웃	左手 (ひだりて)	왼손
横 (よこ)	옆	右手 (みぎて)	오른손
前 (まえ)	앞	~番目 (ばんめ)	~번 째
後ろ (うしろ)	뒤	~行目 (ぎょうめ)	~행 째

실전문제

ここでは2つの問題について質問されます。この問題は、絵を見ながら簡単な質問に答える問題です。まず、絵を見ながら問題を聞いてください。発信音の後の応答時間は6秒です。では、始めます。

問題1.

（3秒）発信音　　　　　　　　　(6秒)　　　　　　　　　　終わりです

応答_____

_____

問題２．

（３秒）発信音　　　　　　　　(6秒)　　　　　　　　　終わりです

応答_____

_____

응답의 예

問題１．カレンダーはどこにありますか。

응답의 예 １ 　　テレビの上です。
응답의 예 ２ 　　カレンダーはテレビの横の棚の上にあります。花瓶の左です。

Q 캘린더는 어디에 있습니까?
1. 텔레비전 위입니다.
2. 캘린더는 텔레비전 옆의 선반 위에 있습니다. 꽃병 왼쪽입니다.

단어설명
カレンダー 캘린더 上(うえ) 위 横(よこ) 옆 棚(たな) 선반 花瓶(かびん) 꽃병 左(ひだり) 왼쪽

問題２．絵はどこにありますか。

응답의 예 １ 　　壁です。
응답의 예 ２ 　　絵は壁にあります。時計の斜め下にかかっています。

Q 그림은 어디에 있습니까?
1. 벽입니다.
2. 그림은 벽에 있습니다. 시계의 대각 아래에 걸려 있습니다.

단어설명
絵(え) 그림 壁(かべ) 벽 時計(とけい) 시계 斜め下(ななめした) 대각 아래 かかる 걸리다

5. 사람 및 동물

사람 및 동물			
公務員(こうむいん)	공무원	美容師(びようし)	미용사
エンジニア	엔지니어, 기술자	店員(てんいん)	점원
歌手(かしゅ)	가수	医者(いしゃ)	의사
記者(きしゃ)	기자	先生(せんせい)	선생님
調理師(ちょうりし)	요리사	学生(がくせい)	학생
画家(がか)	화가	客室乗務員(きゃくしつじょうむいん)	객실 승무원
会社員(かいしゃいん)	회사원	鳥(とり)	새
銀行員(ぎんこういん)	은행원	金魚(きんぎょ)	금붕어
軍人(ぐんじん)	군인	犬(いぬ)	개
警察官(けいさつかん)	경찰관	猫(ねこ)	고양이
お巡(まわ)りさん	순경	牛(うし)	소
看護婦(かんごふ)	간호사	馬(うま)	말

실전문제

ここでは２つの問題について質問されます。この問題は、絵を見ながら簡単な質問に答える問題です。まず、絵を見ながら問題を聞いてください。発信音の後の応答時間は６秒です。では、始めます。

問題１．

（３秒）発信音　　　　　　　　　　（６秒）　　　　　　　　　　終わりです

応答_____

_____

問題２．

（３秒）発信音　　　　　　　　　(6秒)　　　　　　　　　終わりです

応答_____

_____

응답의 예

問題1. 部屋の中に誰がいますか。

응답의 예 1　　画家です。
응답의 예 2　　部屋の中には画家がいます。

Q　방 안에 누가 있습니까?
1. 화가입니다.
2. 방 안에는 화가가 있습니다.

단어설명
部屋 방　中 안　誰 누구　画家 화가

問題2. 飛行機の中に誰がいますか。

응답의 예 1　　客室乗務員(スチュワーデス)です。
응답의 예 2　　飛行機の中には客室乗務員(スチュワーデス)が二人います。

Q　비행기 안에 누가 있습니까?
1. 객실승무원(스튜어디스)입니다.
2. 비행기 안에 객실승무원(스튜어디스)이 두 명 입니다.

단어설명
飛行機 비행기　中 안　誰 누구　客室乗務員 객실승무원　スチュワーデス 스튜어디스
二人 두 명

6. 날씨

날씨			
暑い	덥다	地震	지진
寒い	춥다	火山	화산
暖かい	따뜻하다	寒気がする	한기가(오한이) 들다
冷たい	차갑다	風邪を引く	감기 들다
風が吹く	바람이 불다	咳が出る	기침이 나오다
雨が降る	비가 내리다	鼻水が出る	콧물이 나오다
雪が降る	눈이 내리다	熱がある	열이 있다
霧がかかる	안개가 끼다	台風	태풍
にわか雨	소나기	晴れる	맑다
津波	해일	曇る	흐리다

실전문제

ここでは２つの問題について質問されます。この問題は、絵を見ながら簡単な質問に答える問題です。まず、絵を見ながら問題を聞いてください。発信音の後の応答時間は６秒です。では、始めます。

問題１．

（３秒）発信音　　　　　　　　　(６秒)　　　　　　　　　　終わりです

応答_____

_____

問題２．

（3秒）発信音　　　　　　　　(6秒)　　　　　　　　終わりです

応答_____

_____

응답의 예

問題１．今日の天気はどうですか。

응답의 예 １　　　風が吹いて、雨が降っています。
응답의 예 ２　　　今日の天気は風が吹くし、雨も降っています。

Q　오늘의 날씨는 어떻습니까?
1. 바람이 불고, 비가 내리고 있습니다.
2. 오늘의 날씨는 바람이 불고, 비도 내리고 있습니다.

단어설명
今日 오늘　天気 날씨　風が吹く 바람이 불다　~し ~고(열거)　雨が降る 비가 내리다

問題２．男の人はどうですか。

응답의 예 １　　　風邪を引いています。
응답의 예 ２　　　男の人は風邪を引いて鼻水を流しています。

Q　남자는 어떻습니까?
1. 감기 들었습니다.
2. 남자는 감기 들어서 콧물을 흘리고 있습니다.

단어설명
男の人 남자　風邪を引く 감기 들다　鼻水 콧물　流す 흘리다

7. 장소

장소			
喫茶店(きっさてん)	커피숍	公園(こうえん)	공원
コンサート会場(かいじょう)	콘서트 장	遊園地(ゆうえんち)	유원지
博物館(はくぶつかん)	박물관	図書館(としょかん)	도서관
展示会場(てんじかいじょう)	전시장	海(うみ)	바다
市場(いちば)	시장	山(やま)	산
お寺(てら)	절	海水浴場(かいすいよくじょう)	해수욕장
郵便局(ゆうびんきょく)	우체국	美容院(びよういん)	미장원
運動場(うんどうじょう)	운동장	コンビニ	편의점
会社(かいしゃ)	회사	スーパー	슈퍼
学校(がっこう)	학교	本屋(ほんや)	서점
銀行(ぎんこう)	은행	薬局(やっきょく)	약국
工場(こうじょう)	공장	ガソリンスタンド	주유소
広場(ひろば)	광장	病院(びょういん)	병원

실전문제

ここでは２つの問題について質問されます。この問題は、絵を見ながら簡単な質問に答える問題です。まず、絵を見ながら問題を聞いてください。発信音の後の応答時間は６秒です。では、始めます。

問題１．

（３秒）発信音　　　　　　　　　　（６秒）　　　　　　　　　　終わりです

応答＿＿＿＿＿＿＿＿＿＿＿＿＿＿＿＿＿＿＿＿＿＿＿＿＿＿＿＿＿＿＿＿＿＿

＿＿＿＿＿＿＿＿＿＿＿＿＿＿＿＿＿＿＿＿＿＿＿＿＿＿＿＿＿＿＿＿＿＿＿＿

問題２．

（３秒）発信音　　　　　　　　　(6秒)　　　　　　　　　終わりです

応答＿＿＿＿＿＿＿＿＿＿＿＿＿＿＿＿＿＿＿＿＿＿＿＿＿＿＿＿＿＿＿＿

＿＿＿＿＿＿＿＿＿＿＿＿＿＿＿＿＿＿＿＿＿＿＿＿＿＿＿＿＿＿＿＿＿＿

응답의 예

問題1．ここはどこですか。

응답의 예 1　　銀行です。
응답의 예 2　　ここはお金が下ろせる銀行です。

Q　여기는 어디입니까?
1. 은행입니다.
2. 이곳은 돈을 찾을 수 있는 은행입니다.

단어설명
銀行(ぎんこう) 은행　お金(かね)を下(お)ろす 돈을 찾다

問題2．ここはどこですか。

응답의 예 1　　図書館です。
응답의 예 2　　ここは本が借りられる図書館です。

Q　여기는 어디입니까?
1. 도서관입니다.
2. 이곳은 책을 빌릴 수 있는 도서관입니다.

단어설명
図書館(としょかん) 도서관　本(ほん) 책　借(か)りる 빌리다

8. 형용사(い형용사・な형용사)

い형용사

青い 파랗다	赤い 빨갛다
明るい 밝다	浅い 얕다
暖かい (기온이) 따뜻하다	新しい 새롭다
厚い 두껍다	熱い 뜨겁다
危ない 위험하다	甘い 달다
忙しい 바쁘다	痛い 아프다
薄い 얇다, 엷다	美しい 아름답다
うまい 맛있다, 잘한다	うらやましい 부럽다
うるさい 시끄럽다	嬉しい 기쁘다
偉い 훌륭하다	おいしい 맛있다
大きい 크다	おかしい 이상하다, 우습다
幼い 어리다	遅い 늦다
重い 무겁다	おもしろい 재미있다
硬い 딱딱하다	堅い 견실하다
かしこい 현명하다	悲しい 슬프다
辛い 맵다	軽い 가볍다
かわいい 귀엽다	かわいらしい 귀엽다, 사랑스럽다
黄色い 노랗다	汚ない 더럽다
きつい 힘들다, 사이즈가 작다	厳しい 엄격하다, 엄하다
くだらない 시시하다	詳しい 상세하다
暗い 어둡다	苦しい 괴롭다
黒い 검다	細かい 잘다, 세세하다
怖い 무섭다	寂しい 외롭다, 쓸쓸하다
親しい 친하다	白い 하얗다
少ない 적다	すごい 굉장하다
涼しい 선선하다	素晴らしい 훌륭하다

狭い 좁다
正しい 바르다
小さい 작다
つまらない 시시하다
強い 강하다
長い 길다
眠い 졸리다
恥ずかしい 부끄럽다
早い 시기나 시간이 빠르다
ひどい 심하다
広い 넓다
太い 굵다
細い 가늘다
丸い 둥글다
難しい 어렵다
珍しい 신기하다
易しい 쉽다
安い 싸다
よろしい 좋다
若い 젊다

高い 비싸다, 높다
楽しい 즐겁다
近い 가깝다
冷たい 차다, 냉정하다
遠い 멀다
苦い 맛이 쓰다, 괴롭다
激しい 격렬하다, 세차다
速い 스피드가 빠르다
低い 낮다
ひとしい 똑 같다
深い 깊다
古い 오래되다
まぶしい 눈에 보이는 것이 눈부시다
短い 짧다
めざましい 눈에 보이지 않는 것이 눈부시다
やかましい 시끄럽다, 소연하다
優しい 상냥하다
柔らかい 부드럽다
弱い 약하다
悪い 나쁘다

な형용사

明らかだ 뚜렷하다, 명백하다
新ただ 새롭다
温暖だ 온난하다
かわいそうだ 불쌍하다
頑丈だ 튼튼하다
気楽だ 편하다
結構だ 훌륭하다, 충분하다

当たり前だ 당연하다
同じだ 똑같다
快適だ 쾌적하다
簡単だ 간단하다
嫌いだ 싫어하다
きれいだ 예쁘다, 깨끗하다
元気だ 건강하다, 활기차다

健康(けんこう)だ 건강하다	混雑(こんざつ)だ 혼잡하다
幸(さいわ)いだ 다행스럽다	盛(さか)んだ 활발하다, 번성하다
さわやかだ 상쾌하다, 산뜻하다	残念(ざんねん)だ 유감이다
幸(しあわ)せだ 행복하다	静(しず)かだ 조용하다
地味(じみ)だ 수수하다	自由(じゆう)だ 자유롭다
十分(じゅうぶん)だ 충분하다	重要(じゅうよう)だ 중요하다
上手(じょうず)だ 능숙하다	親切(しんせつ)だ 친절하다
新鮮(しんせん)だ 신선하다	好(す)きだ 좋아하다
健(すこ)やかだ 건강하다, 건전하다	素敵(すてき)だ 멋지다
大事(だいじ)だ 중요하다, 소중하다	退屈(たいくつ)だ 지루하다, 심심하다
大切(たいせつ)だ 중요하다, 소중하다	大変(たいへん)だ 힘들다
丁寧(ていねい)だ 정중하다, 친절하다	適切(てきせつ)だ 적절하다
適当(てきとう)だ 적당하다	得意(とくい)だ 잘하다, 특기이다
特別(とくべつ)だ 특별하다	苦手(にがて)だ 잘 못하다, 서툴다
賑(にぎ)やかだ 번화하다, 떠들썩하다	必要(ひつよう)だ 필요하다
暇(ひま)だ 한가하다	複雑(ふくざつ)だ 복잡하다
不思議(ふしぎ)だ 불가사의하다	不自由(ふじゆう)だ 부자유스럽다
不便(ふべん)だ 불편하다	平和(へいわ)だ 평화롭다
下手(へた)だ 서툴다	変(へん)だ 이상하다
便利(べんり)だ 편리하다	真面目(まじめ)だ 성실하다
真(ま)っ赤(か)だ 새빨갛다	真(ま)っ暗(くら)だ 아주 캄캄하다
みじめだ 비참하다	無理(むり)だ 무리이다
迷惑(めいわく)だ 민폐다	面倒(めんどう)だ 성가시다
有名(ゆうめい)だ 유명하다	豊(ゆた)かだ 풍부하다
楽(らく)だ 편하다	立派(りっぱ)だ 훌륭하다

실전문제

ここでは４つの問題について質問されます。この問題は、絵を見ながら簡単な質問に答える問題です。まず、絵を見ながら問題を聞いてください。発信音の後の応答時間は６秒です。では、始めます。

問題１．

（３秒）発信音　　　　　　　　　（６秒）　　　　　　　　　終わりです

応答＿＿＿＿＿＿＿＿＿＿＿＿＿＿＿＿＿＿＿＿＿＿＿＿＿＿＿＿＿＿＿＿＿＿＿

＿＿＿＿＿＿＿＿＿＿＿＿＿＿＿＿＿＿＿＿＿＿＿＿＿＿＿＿＿＿＿＿＿＿＿＿＿

問題２．

（３秒）発信音　　　　　　　　　（６秒）　　　　　　　　　終わりです

応答＿＿＿＿＿＿＿＿＿＿＿＿＿＿＿＿＿＿＿＿＿＿＿＿＿＿＿＿＿＿＿＿＿＿＿＿

＿＿＿＿＿＿＿＿＿＿＿＿＿＿＿＿＿＿＿＿＿＿＿＿＿＿＿＿＿＿＿＿＿＿＿＿＿＿

問題３．

　　　（３秒）発信音　　　　　　　　　(6秒)　　　　　　　　　終わりです

応答＿＿＿＿＿＿＿＿＿＿＿＿＿＿＿＿＿＿＿＿＿＿＿＿＿＿＿＿＿＿＿＿＿＿＿＿＿

＿＿＿＿＿＿＿＿＿＿＿＿＿＿＿＿＿＿＿＿＿＿＿＿＿＿＿＿＿＿＿＿＿＿＿＿＿＿＿

問題４．

（３秒）発信音　　　　　　　　　　（６秒）　　　　　　　　　　終わりです

応答_____

_____

응답의 예

問題 1. どちらが速いですか。

응답의 예 1　　オートバイがもっと速いです。
응답의 예 2　　自転車よりもオートバイの方が速いです。

Q 어느 쪽이 빠릅니까?
1. 오토바이가 더욱 빠릅니다.
2. 자전거보다도 오토바이 쪽이 빠릅니다.

단어설명
速い 빠르다　オートバイ 오토바이　もっと 더욱　自転車 자전거　～より ～보다　方 쪽

問題 2. レストランはどうでしたか。

응답의 예 1　　レストランはとてもおいしかったです。でも、値段は高かったです。
응답의 예 2　　レストランはおいしかったですが、値段がとても高くてびっくりしました。

Q 레스토랑은 어땠습니까?
1. 레스토랑은 매우 맛있었습니다. 하지만, 가격은 비쌌습니다.
2. 레스토랑은 맛있었습니다만, 가격이 매우 비싸서 놀랐습니다.

단어설명
レストラン 레스토랑　とても 매우　おいしい 맛있다　でも 하지만　値段 가격　高い 비싸다　びっくりする 놀라다

問題 3. 英語は誰が上手ですか。

응답의 예 1　　男の人がもっと上手です。
응답의 예 2　　女の人よりも男の人の方が上手です。

Q 영어는 누가 잘합니까?
1. 남자가 더욱 잘합니다.
2. 여자보다도 남자 쪽이 잘합니다.

단어설명
男の人 남자 もっと 더욱 上手だ 잘하다, 능숙하다 女の人 여자 方 쪽

問題 4. 繁華街はどうでしたか。

응답의 예 1　　繁華街は賑やかでした。でも、複雑でした。
응답의 예 2　　繁華街は賑やかでしたが、人が多くてとても複雑でした。

Q 번화가는 어땠습니까?
1. 번화가는 번화했습니다. 하지만, 복잡했습니다.
2. 번화가는 번화했습니다만, 사람이 많아서 매우 복잡했습니다.

단어설명
繁華街 번화가 賑やかだ 번화하다 でも 하지만 複雑だ 복잡하다 人 사람 多い 많다

9. 동사

会う 만나다
開く 열리다
開ける 열다, 개최하다
預ける 맡기다, 보관시키다
扱う 취급하다
洗う 씻다
急ぐ 서두르다
植える 심다
失う 잃어버리다
打つ 치다
売る 팔다
選ぶ 선택하다
起きる 일어나다
送る 보내다
起こる 일어나다
教える 가르치다
落ちる 떨어지다
泳ぐ 헤엄치다
飼う 기르다
数える 세다
聞く 듣다
着る 입다
壊す 부수다
叫ぶ 외치다, 소리지르다

上がる 오르다
空く 비다
味わう 맛보다
遊ぶ 놀다
集める 모으다
歩く 걷다
入れる 넣다
動く 이동하다
歌う 노래하다
生まれる 태어나다
描く 그리다
追う 뒤쫓다
置く 두다
行う 행하다
怒る 화내다
押す 밀다
踊る 춤추다
買う 사다
書く 쓰다
勝つ 이기다
切る 자르다
消す 끄다, 지우다
探す 찾다
指す 가리키다, 지적하다

일본어	한국어	일본어	한국어
さす	우산을 쓰다	騒ぐ	떠들다
触る	만지다	叱る	꾸짖다
支払う	지불하다	閉める	닫다
吸う	피우다	捨てる	버리다
住む	살다	座る	앉다
倒れる	쓰러지다	出す	내다
訪ねる	방문하다	たたむ	개다, 접다
立つ	서다	楽しむ	즐기다
頼む	부탁하다	食べる	먹다
着く	도착하다	作る	만들다
包む	포장하다	積む	쌓다, 싣다
連れる	동반하다	出掛ける	외출하다
出る	나가다	届ける	배달하다, 신고하다
飛ぶ	날다, 뛰다	直す	고치다, 수선하다
泣く	울다	鳴く	동물, 사물이 울다
投げる	던지다	習う	배우다
並ぶ	줄을 서다, 늘어서다	脱ぐ	벗다
塗る	칠하다	眠る	잠들다, 자다
残る	남다	乗せる	태우다
載せる	싣다, 게재하다	飲む	마시다
入る	들어가다	履く	하의를 입다, 신다
運ぶ	운반하다	走る	달리다
外す	떼어내다, 풀다	働く	일하다
話し合う	대화하다	話し掛ける	말을 걸다
話す	이야기하다	払う	지불하다
引く	끌다	弾く	연주하다

拾う	줍다	吹く	불다
拭く	닦다	踏む	밟다
巻く	감다	負ける	패하다
曲げる	굽히다	待つ	기다리다
回す	돌리다	磨く	닦다, 연마하다
見せる	보여주다	向かう	향하다
持つ	들다, 가지다	焼く	굽다, 태우다
休む	쉬다	揺れる	흔들리다
読む	읽다	喜ぶ	기뻐하다
渡す	건네주다	笑う	웃다

실전문제

ここでは4つの問題について質問されます。この問題は、絵を見ながら簡単な質問に答える問題です。まず、絵を見ながら問題を聞いてください。発信音の後の応答時間は6秒です。では、始めます。

問題1.

（3秒）発信音　　　　　　　　　　（6秒）　　　　　　　　　　終わりです

応答_____

_____

問題２．

（３秒）発信音　　　　　　　　　　（６秒)　　　　　　　　　　終わりです

応答＿＿＿＿＿＿＿＿＿＿＿＿＿＿＿＿＿＿＿＿＿＿＿＿＿＿＿＿＿＿＿＿＿＿

＿＿＿＿＿＿＿＿＿＿＿＿＿＿＿＿＿＿＿＿＿＿＿＿＿＿＿＿＿＿＿＿＿＿＿＿

問題3.

（3秒）発信音　　　　　　　　　(6秒)　　　　　　　　　終わりです

応答_____

問題４．

（3秒）発信音　　　　　　　　(6秒)　　　　　　　　終わりです

応答_____

_____

응답의 예

問題1. 女の人は何をしていますか。

응답의 예 1　　ピアノを弾いています。
응답의 예 2　　女の人は部屋の中でピアノを弾いています。

Q 여자는 무엇을 하고 있습니까?
1. 피아노를 치고 있습니다.
2. 여자는 방 안에서 피아노를 치고 있습니다.

단어설명
ピアノを弾く 피아노를 치다　女の人 여자　部屋 방　中 안

問題2. 男の人は会社へ行く前に何をしましたか。

응답의 예 1　　コーヒーを飲みました。
응답의 예 2　　男の人は会社へ行く前にコーヒーを飲みました。

Q 남자는 회사에 가기 전에 무엇을 했습니까?
1. 커피를 마셨습니다.
2. 남자는 회사에 가기 전에 커피를 마셨습니다.

단어설명
男の人 남자　会社 회사　行く 가다　前 전　飲む 마시다

問題3. 男の人は週末に何をしましたか。

응답의 예 1　　サッカーをして、お酒を飲みました。
응답의 예 2　　男の人は週末にサッカーをしたり、友だちに会ってお酒を飲んだりしました。

Q 남자는 주말에 무엇을 했습니까?
1. 축구를 하고 술을 마셨습니다.

2. 남자는 주말에 축구를 하거나, 친구를 만나서 술을 마시거나 했습니다.

단어설명
男の人 남자　週末 주말　お酒 술　飲む 마시다　友だちに会う 친구를 만나다

問題４．女の人はこれからどうしますか。

응답의 예 1 　　郵便局に行きます。
응답의 예 2 　　プレゼントを包んで、郵便局に行くと思います。

Q 　여자는 앞으로 어떻게 합니까?
1. 우체국에 갑니다.
2. 선물을 포장하고, 우체국에 갈 거라고 생각합니다.

단어설명
女の人 여자　これから 앞으로　郵便局 우체국　行く 가다　包む 포장하다　思う 생각하다

10. 허가・금지・가능

1. ~てもいいです ~해도 좋습니다(허가)

ここで話してもいいです。여기서 이야기해도 좋습니다.
この箱は捨ててもいいです。이 상자는 버려도 좋습니다.
この部屋でお弁当を食べてもいいです。이 방에서 도시락을 먹어도 좋습니다.
このコピー機は学生が使ってもいいです。이 복사기는 학생이 사용해도 좋습니다.
試験中に辞書を見てもいいです。시험 중에 사전을 봐도 좋습니다.
ここにあるお菓子を食べてもいいです。여기에 있는 과자를 먹어도 좋습니다.
事務所に入ってもいいです。사무실에 들어가도 좋습니다.
ここでは子どもが遊んでもいいです。여기서는 아이가 놀아도 좋습니다.
ここで写真を撮ってもいいです。여기서 사진을 찍어도 좋습니다.
ここで自転車に乗ってもいいです。여기서 자전거를 타도 좋습니다.

2. ~てはいけません ~해서는(하면) 안 됩니다(금지)

図書館で騒いではいけません。도서관에서 떠들어서는 안 됩니다.
学校に遅れてはいけません。학교에 늦어서는 안 됩니다.
ここにあるペンを使ってはいけません。여기에 있는 펜을 사용해서는 안 됩니다.
このベンチに座ってはいけません。이 벤치에 앉아서는 안 됩니다.
ここで音を立ててはいけません。여기서 소리를 내어서는 안 됩니다.
店の中でタバコを吸ってはいけません。가게 안에서 담배를 피워서는 안 됩니다.
ここに荷物を置いてはいけません。여기에 짐을 두어서는 안 됩니다.
ここに駐車してはいけません。여기에 주차해서는 안 됩니다.
店の中に飲み物を持ち込んではいけません。
가게 안에 음료수를 반입해서는 안 됩니다.
広場でボール遊びをしてはいけません。광장에서 공놀이를 해서는 안 됩니다.

3. 동사기본형+ことができます ~할 수 있습니다(가능)

ここでテレビを見ることができます。여기서 텔레비전을 볼 수가 있습니다.
2年生は4時から体育館を使うことができます。
2학년은 4시부터 체육관을 사용할 수가 있습니다.
英語でメールを書くことができます。영어로 메일을 쓸 수가 있습니다.
ここでお酒を飲むことができます。여기서 술을 마실 수가 있습니다.
ここで映画を見ることができます。여기서 영화를 볼 수가 있습니다.
ここに入って寝ることができます。여기에 들어가서 잘 수가 있습니다.
このプールでは子どもも泳ぐことができます。
이 풀장에서는 아이도 수영할 수가 있습니다.
ここで辞書を借りることができます。여기서 사전을 빌릴 수가 있습니다.
これで飛行機の時間を調べることができます。
이것으로 비행기의 시간을 알아볼 수가 있습니다.
この絵は誰でも触ることができます。이 그림은 누구라도 만질 수가 있습니다.

실전문제

ここでは２つの問題について質問されます。この問題は、絵を見ながら簡単な質問に答える問題です。まず、絵を見ながら問題を聞いてください。発信音の後の応答時間は６秒です。では、始めます。

問題１．

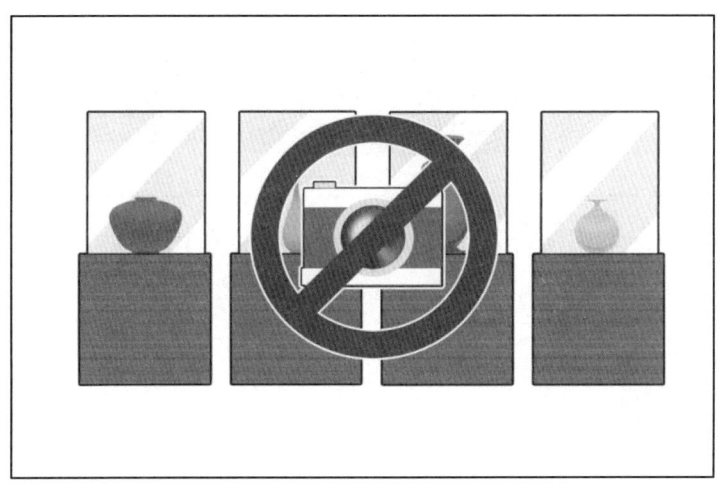

（３秒）発信音　　　　　　　　　　（6秒）　　　　　　　　　　終わりです

応答_____
_____

問題２．

（３秒）発信音　　　　　　　　　(6秒)　　　　　　　　　終わりです

応答_____
_____

응답의 예

問題1. ここで写真を撮ってもいいですか。

응답의 예 1　　いいえ、いけません。
응답의 예 2　　いいえ、ここは撮影禁止ですから、写真を撮ってはいけません。

Q　여기서 사진을 찍어도 됩니까?
1. 아뇨, 안 됩니다.
2. 아뇨, 이곳은 촬영금지이기 때문에, 사진을 찍어서는 안 됩니다.

단어설명
写真を撮る 사진을 찍다　~てもいいですか ~해도 좋습니까?　撮影 촬영　禁止 금지
~てはいけません ~해서는 안 됩니다

問題2. ここで携帯電話を使ってもいいですか。

응답의 예 1　　いいえ、いけません。
응답의 예 2　　ここは電話が禁止ですから、携帯電話を使ってはいけません。

Q　여기서 휴대전화를 사용해도 됩니까?
1. 아뇨, 안 됩니다.
2. 이곳은 전화가 금지이기 때문에 휴대전화를 사용해서는 안 됩니다.

단어설명
携帯 휴대　電話 전화　使う 사용하다　禁止 금지

敏速な応答 신속한 응답

1. 부탁
~てください

~てくださいませんか

~いただけませんか

~ないでください

실전문제
응답의 예

2. 권유
~ましょう

~ましょうか

~ませんか

실전문제
응답의 예

3. 가정과 조건
~ならいいですよ

~ば大丈夫です

もし~

실전문제
응답의 예

4. 의향
~でお願いします

~方がいいんですよ

できれば~がいいんですけど

~くしてください・~にしてください

실전문제

응답의 예

5. 전화응대
전화를 거는 방법과 수순(케이스 별의 수순)
실전문제
응답의 예

6. 존경표현
존경법
겸양법
자체 존경어와 겸양어
실전문제
응답의 예

7. 이유와 원인
なぜなら~から

だって~もの(もん)

どうして~んですか

실전문제
응답의 예

8. 전문
そうだ
그 외의 전문표현
실전문제
응답의 예

9. 양태
そうだ
실전문제
응답의 예

10. 예정
予定(よてい)
つもり
동사의 지형+と思っている
실전문제
응답의 예

제 3 부 敏速な応答

필수 표현

1. 부탁

> ~てください ~해 주세요, ~하세요

使い方を教えてください。 사용방법을 가르쳐 주세요.

英語で自己紹介してください。 영어로 자기 소개해 주세요.

彼女が来るかどうか知らせてください。 그녀가 올지 어떨지 알려 주세요.

お名前が聞き取れませんでした。もう一度言ってください。
이름을 듣지 못했습니다. 한번 더 말해 주세요.

メールをチェックしてください。
메일을 체크해 주세요.

> ~てくださいませんか ~해 주시겠습니까, ~해 주시지 않겠습니까

A : すみません。窓を開けてくださいませんか。
죄송합니다. 창문을 열어 주시지 않겠습니까?
B : ええ、いいですよ。예, 좋습니다.

もう一度説明してくださいませんか。 한번 더 설명해 주시지 않겠습니까?

それを見せてくださいませんか。 그것을 보여 주시지 않겠습니까?

誰か次の作文を直してくださいませんか。
누군가 다음 작문을 고쳐 주시지 않겠습니까?

あなたの体験談について少し話してくださいませんか。
당신의 체험담에 대해서 조금 말해 주시지 않겠습니까?

~ていただけませんか ~해 주시겠습니까, ~해 주시지 않겠습니까

A : 塩を取っていただけませんか。 소금을 집어 주시지 않겠습니까?
B : はい、どうぞ。 예, 알겠습니다.

A : 私の代わりにこれをしていただけませんか。
제 대신에 이것을 해 주시지 않겠습니까?
B : すみません。私は大変に忙しいものですから。 죄송합니다. 저는 매우 바빠서.

2月5日金曜日の午前9時にホテルに迎えに来ていただけませんか。
2월 5일 금요일 오전 9시에 호텔에 데리러 와 주시지 않겠습니까?

あまりご迷惑でなければ乗せていただけませんか。
그다지 폐가 아니라면 태워 주시지 않겠습니까?

お願いがあるんだけど。お金を貸していただけませんか。
부탁이 있습니다만. 돈을 빌려 주시지 않겠습니까?

~ないでください ~하지 말아 주세요

A : 宿題を忘れないでください。 숙제를 잊지 말아주세요.
B : はい、わかりました。 예, 알겠습니다.

コンピューターを使っています。スイッチを切らないでください。
컴퓨터를 사용하고 있습니다. 스위치를 끄지 말아주세요.

あまり無理をしないでください。
너무 무리를 하지 말아주세요.

学校ではたばこを吸わないでください。
학교에서는 담배를 피우지 말아주세요.

試験のとき、辞書を見ないでください。 시험 때, 사전을 보지 말아주세요.

실전문제

この問題は短い対話形式で行われます。場面を表す絵がありますから、その絵を見ながら、話し相手が対話を始めるところを聞いてください。発信音がなったら、相手の言ったことに対して応答してください。発信音の後の応答時間は１５秒です。では、始めます。

問題１．

（２秒）発信音　　　　　　　　　（１５秒）　　　　　　　　　終わりです

応答_____

_____

問題２．

（２秒）発信音　　　　　　　　　（１５秒）　　　　　　　　終わりです

応答_____

_____

응답의 예

問題１．どうしても調べたいことがあるので、辞書を貸していただけませんか。

응답의 예 1　　ええ、いいですよ。どうぞ。
응답의 예 2　　わかりました。でも私もすぐ使いますから、できるだけ早く返してくださいね。

Q 꼭 알아보고 싶은 것이 있으니, 사전을 빌려 주시지 않겠습니까??
1. 예, 좋습니다. 그렇게 하세요.
2. 알겠습니다. 하지만 저도 바로 사용하니까, 가능한 한 빨리 돌려주세요.

단어설명
どうしても 꼭, 무슨 일이 있어도　調べる 조사하다, 살피다　辞書 사전　貸す 빌려주다　すぐ 바로　使う 사용하다　できるだけ 가능한 한　早く 빨리　返す 돌려주다, 갚다

問題２．試験のとき、教科書は見ないでください。

응답의 예 1　　はい、わかりました。気をつけます。
응답의 예 2　　はい、わかりました。あのう、先生。辞書とかノートは見てもいいですか。

Q 시험칠 때, 교과서는 보지 말아주세요.
1. 예, 알겠습니다. 주의하겠습니다.
2. 예, 알겠습니다. 저, 선생님. 사전이나 노트는 봐도 됩니까?

단어설명
試験 시험　教科書 교과서　見る 보다　気をつける 주의하다　先生 선생님　辞書 사전　~とか ~하던가

2. 권유

필수 표현

> ~ましょう ~합시다

말하는 사람의 의지 → 私がそれを買いに行きましょう。
　　　　　　　　　　제가 그것을 사러 가겠습니다.
권유 → 映画に行きましょう。 영화 보러 갑시다.

A : 一緒に昼ご飯を食べませんか。 함께 점심을 먹지 않겠습니까?
B : はい、食べましょう。 예, 먹읍시다.

信号が青になりました。さあ、渡りましょう。
신호가 파란 불이 되었습니다. 자, 건넙시다.

食事の前には手を洗いましょう。 식사 전에는 손을 씻읍시다.

手を上げて横断歩道を渡りましょう。 손을 들고 횡단보도를 건넙시다.

みなさん、静かにしましょう。 여러분, 조용히 합시다.

> ~ましょうか ~할까요

제안 → 窓を開けましょうか。 창문을 열까요?
권유 → 映画に行きましょうか。 영화 보러 갈까요?

A : もう4時ですね。お茶にしましょうか。 벌써 4시이군요. 차 마실까요(쉴까요)?
B : ええ、いいですね。 예, 좋습니다.

クラスの後で、図書館に行きましょうか。 수업 뒤에, 도서관에 갈까요?

かばんが重そうです。持ちましょうか。 가방이 무거운 것 같군요. 들어드릴까요?

忙しそうですね。お手伝いしましょうか。 바쁜 것 같군요. 도와드릴까요?

ゴミ問題の解決方法を考えましょうか。 쓰레기문제의 해결방법을 생각할까요?

~ませんか ~않겠어요?

부정의문 → 彼はパーティーに行きませんか。 그는 파티에 안 갑니까?
권유 → 映画に行きませんか。 영화 보러 가지 않겠어요?

A：一緒にビールを飲みませんか。 함께 맥주를 마시지 않겠어요?
B：ええ、いいですね。 예, 좋아요.

今晩、うちで一緒にしゃぶしゃぶを食べませんか。
오늘 밤, 집에서 함께 샤브샤브를 먹지 않겠어요?

このボランティアの仕事、あなたもやってみませんか。
이 자원봉사의 일, 당신도 해보지 않겠어요?

2月27日の四時から1時間くらい会うことにしませんか。
2월 27일의 4시부터 1시간 정도 만나지 않겠어요?

みんなでお酒を飲みに行きませんか。 다 같이 술을 마시러 가지 않겠어요?

실전문제

この問題は短い対話形式で行われます。場面を表す絵がありますから、その絵を見ながら、話し相手が対話を始めるところを聞いてください。発信音がなったら、相手の言ったことに対して応答してください。発信音の後の応答時間は１５秒です。では、始めます。

問題１．

（２秒）発信音　　　　　　　　（１５秒）　　　　　　　　終わりです

応答_____

_____

問題２．

　　　（２秒）発信音　　　　　　　　　　（１５秒)　　　　　　　　終わりです

応答＿＿＿＿＿＿＿＿＿＿＿＿＿＿＿＿＿＿＿＿＿＿＿＿＿＿＿＿＿＿＿＿＿＿＿＿

＿＿＿＿＿＿＿＿＿＿＿＿＿＿＿＿＿＿＿＿＿＿＿＿＿＿＿＿＿＿＿＿＿＿＿＿＿＿＿

응답의 예

問題1. 奥さん、息子さんを手伝いましょうか。

응답의 예 1　　あ、すみません、お願いします。
응답의 예 2　　ありがとうございます。でも、一人でできると思いますので。
　　　　　　　　気持ちだけいただきます。

Q　부인, 아드님을 도와드릴까요?
1. 아, 감사합니다. 부탁합니다.
2. 감사합니다. 하지만, 혼자서도 할 수 있다고 생각하니까. 마음만 받겠습니다.

단어설명
奥さん 다른 사람의 부인　息子さん 다른 사람의 아들　手伝う 돕다　一人 혼자
気持ち 기분, 마음

問題2. 6時に渋谷駅で会いましょう。

응답의 예 1　　ええ、いいですよ。6時に渋谷駅ですね。
응답의 예 2　　6時ですか。会社が5時に終わるので、1時間ぐらい延ばしても
　　　　　　　　らえませんか。

Q　6시에 시부야 역에서 만납시다.
1. 예, 좋습니다. 6시에 시부야 역이죠.
2. 6시입니까? 회사가 5시에 끝나니까, 1시간 정도 늦출 수 없겠습니까?

단어설명
渋谷駅 시부야 역　会う 만나다　会社 회사　終わる 끝나다　時間 시간　延ばす 연장
하다

3. 가정과 조건

필수 표현

~ならいいですよ ~라면 괜찮아요

今度の水曜日ならいいですよ。 이번 수요일이라면 괜찮아요.

もしそうなら、帰ってもいいですよ。 만일, 그렇다면 귀가해도 괜찮아요.

何か悩みがあるのなら、彼と相談してもいいですよ。
뭔가 고민이 있다면 그와 상담해도 괜찮아요.

ここにいたいのならいてもいいですよ。 여기에 있고 싶다면 있어도 괜찮아요.

言いたいことがあるなら、さっさと言った方がいいぞ。
말하고 싶은 것이 있으면, 빨리 말하는 편이 좋아.

~ば大丈夫です ~면 괜찮습니다

渋滞がひどくなければ大丈夫です。 정체가 심하지 않으면 괜찮습니다.

交通手段なら彼に任せておけば大丈夫です。
교통수단이라면 그에게 맡겨 두면 괜찮습니다.

もし変更が何もなければ、このままでも大丈夫です。
만일 변경이 아무 것도 없으면, 이대로라도 괜찮습니다.

一晩ぐっすり眠れば大丈夫ですよ。 하룻밤 푹 자면 괜찮습니다.

2月までに予約すれば大丈夫だと思うよ。 2월까지 예약하면 괜찮다고 생각해.

もし~(가정형) 만일~면

もし私の家に来るのならば、前もって電話してください。
만일 우리 집에 온다면, 미리 전화해 주세요.

もし気分が悪ければ、今日は家へ帰ってもいいですよ。
만일 컨디션이 나쁘면 오늘은 집에 돌아가도 좋습니다.

もし十分なお金があったら車が買えるのに。
만일 충분한 돈이 있다면 자동차를 살 수 있을 텐데.

もし明日晴れたら、私たちはピクニックに行きます。
만일 내일 맑다면, 우리들은 피크닉에 가겠습니다.

もし言ってくれていたら手伝ったのに。
만일 말해 주었다면 도왔을 텐데.

실전문제

この問題は短い対話形式で行われます。場面を表す絵がありますから、その絵を見ながら、話し相手が対話を始めるところを聞いてください。発信音がなったら、相手の言ったことに対して応答してください。発信音の後の応答時間は１５秒です。では、始めます。

問題１．

（２秒）発信音　　　　　　　　　　（１５秒）　　　　　　　　　　終わりです

応答_____

_____

問題２．

（２秒）発信音　　　　　　　　　（１５秒）　　　　　　　　終わりです

応答_____

응답의 예

問題1．もし、週末に天気がよかったらどうしますか。

응답의 예 1　友だちとピクニックに行きたいと思っています。
응답의 예 2　そうですね。まだ何をするか考えたことはないんですが、晴れたら近くの海にドライブに行きたいんです。道が込まなければいいんですけどね。

Q 만일 주말에 날씨가 좋으면 어떻게 하겠습니까?
1. 친구와 피크닉에 가고 싶다고 생각하고 있습니다.
2. 글쎄요. 아직 무엇을 할지 생각한 적은 없습니다만, 맑으면 근처 바다에 드라이브 가고 싶어요. 길이 막히지 않으면 좋겠습니다만.

단어설명
もし 만일 週末 주말 天気 날씨 友だち 친구 行く 가다 何 무엇 考える 생각하다 晴れる 맑다 近く 근처 海 바다 道が込む 길이 막히다

問題2．今回のプロジェクトはちょっと難しいわね。

응답의 예 1　うん、大変だと思うけど、君なら大丈夫だと思うよ。
응답의 예 2　うん、そうよ。でも、こんな不景気に入ってきた仕事だから一生懸命頑張りましょう。

Q 이번 프로젝트는 좀 어렵네.
1. 응, 힘들다고 생각하는데, 너라면 문제없을 거라고 생각해.
2. 응, 맞아. 하지만, 이런 불경기에 들어온 일이니까 열심히 하자.

단어설명
大変だ 힘들다 君 너, 자네 大丈夫だ 괜찮다, 문제없다 不景気 불경기 入る 들어오다 仕事 일 一生懸命 열심히 頑張る 열심히 하다

4. 의향

필수 표현

> ~でお願いします ~(으)로 부탁합니다

海に面した部屋でお願いします。 바다에 접한 방으로 부탁합니다.

銀行振り込みでお願いします。 은행이체로 부탁합니다.

それは午前中でお願いします。 그것은 오전 중으로 부탁합니다.

電話が遠いです。もう少し大きい声でお願いします。
전화 감이 멉니다. 좀 더 큰 목소리로 부탁합니다.

それでは会議は木曜日でお願いします。 그럼 회의는 목요일로 부탁합니다.

> ~方がいいんですよ ~편이 좋아요

症状が悪くなれば医者に相談する方がいいですよ。
증상이 나빠지면 의사에게 상담하는 편이 좋아요.

私たちは明日のミーティングを延期した方がいいですよ。
우리들은 내일 미팅을 연기하는 편이 좋아요.

あなたは真面目に英語を勉強した方がいいですよ。
당신은 성실히 영어를 공부하는 편이 좋아요.

急いだ方がいいですよ。列車は3時に出ます。
서두르는 편이 좋아요. 열차는 3시에 출발합니다.

訪ねていく前に、彼が家にいることを確認した方がいいですよ。
방문하기 전에, 그가 집에 있는 것을 확인하는 편이 좋아요.

できれば~がいいんですけど 가능하면~이 좋겠습니다만

できれば前の席がいいんですけど。가능하면 앞 좌석이 좋겠습니다만.

できれば床屋より美容院がいいんですけど。
가능하면 이발소보다 미용실이 좋겠습니다만.

できれば安い席がいいんですけど。가능하면 싼 좌석이 좋겠습니다만.

できれば低価格で、親切な会社がいいんですけど。
가능하면 가격이 싸고, 친절한 회사가 좋겠습니다만.

できれば午前の方がいいんですけど。가능하면 오전 쪽이 좋겠습니다만.

~くしてください~・~にしてください (하)게~해 주세요

前髪はもっと短くしてください。앞머리는 더욱 짧게 해 주세요.

ガスの火を大きくしてください。가스 불을 크게 해 주세요.

少しステレオの音を小さくしてください。조금 스테레오 소리를 작게 해 주세요.

お大事にしてください。몸조심 해 주세요.

どうか楽にしてください。부디 편히 계세요.

レポートは簡単にしてください。리포터는 간단하게 해 주세요.

실전문제

この問題は短い対話形式で行われます。場面を表す絵がありますから、その絵を見ながら、話し相手が対話を始めるところを聞いてください。発信音がなったら、相手の言ったことに対して応答してください。発信音の後の応答時間は１５秒です。では、始めます。

問題１．

（２秒）発信音　　　　　　　　　（１５秒）　　　　　　　　終わりです

応答_____
_____

問題２．

（２秒）発信音　　　　　　　　　（１５秒)　　　　　　　　　終わりです

応答_____

_____

응답의 예

問題1. お客様、座席はどうなさいますか。

응답의 예 1 　　できれば後ろの席より前の席がいいんですけど。
응답의 예 2 　　そうですね。できれば真ん中の席がいいんですけど。あ、二人ですので並びの席でお願いできますでしょうか。

Q 손님, 좌석은 어떻게 하시겠습니까?
1. 가능하면 뒤 좌석보다 앞 좌석이 좋겠습니다만.
2. 글쎄요. 가능하면 한 가운데 좌석이 좋겠습니다만. 아, 두 사람이니까 연결된 좌석으로 부탁할 수 있을까요?

단어설명
お客様 손님　座席 좌석　なさる 「する-하다」의 존경어　後ろ 뒤　席 자리　前 앞
真ん中 한 가운데　二人 두 사람　並びの席 연결된 자리

問題2. ステーキの焼き加減はどうなさいますか。

응답의 예 1 　　ミディアムにしてください。
응답의 예 2 　　ウェルダンでお願いします。それにシーフードサラダに玉ねぎドレシングをかけてください。あ、飲み物はグラスワインをください。

Q 스테이크의 고기는 어떻게 구워드릴까요?
1. 미디엄으로 구워주세요.
2. 웰던으로 부탁합니다. 더해서 시푸드샐러드에 양파드레싱을 뿌려주세요. 아, 음료수는 글라스와인을 주세요.

단어설명
焼き加減 구운 정도　ミディアム 미디엄, 중간 정도의 굽기　ウェルダン 웰던, 고기를 충분히 굽기　それに 게다가　シーフードサラダ 시푸드샐러드　玉ねぎ 양파
かける 뿌리다　飲み物 음료수　グラスワイン 글라스와인

5. 전화응대

필수 표현

전화를 거는 방법과 수순 (케이스 별의 수순)
1. 상대 회사의 사람이 전화를 받으면……
나의 대응
1. 우선은 이름을 말한다 『○○物産営業部の金と申します。』○○물산 영업부의 김입니다. 2. 평소의 거래와 이용에 대한 인사를 한다. 「いつも大変お世話になっております。」항상 매우 신세를 지고 있습니다. 3. 다음에 상대의 소속부서, 성명, 직위를 알린다. 「製造部の山本課長はいらっしゃいますでしょうか？」 제조부의 야마모토 과장님께서는 계십니까?

케이스	나의 대응이나 말 (말투·응답)
a. 부재일 때	

> 자신의 용건 또는, 영업 전화라면……
> 상대가 회사에 돌아오는 시각을 묻고, 전화를 새로 거는 취지를 전하면서 전화를 끊는다.
> 「お戻りは何時頃のご予定でしょうか？」귀사는 몇 시경으로 예정되어 있습니까?
> 「それでは改めてこちらからご連絡を差し上げます。ありがとうございました。」
> 그럼 새로 제 쪽에서 연락을 드리겠습니다. 감사합니다.
>
> 상대방의 용건으로 내가 전화를 했다면……
> 1. 상대로부터 용건이 있었다는 것을 전하고,
> 2. 즉시 전화를 바라는 취지를 전하고,
> 3. 나의 회사명, 이름, 전화번호를 전하고,
> 4. 인사를 하고 전화를 끊는다.
> 「山本様からお電話を頂いたようなのですがお戻りは何時頃のご予定でしょうか？」
> 야마모토 씨로부터 전화를 받은 것 같습니다만, 몇 시경 돌아올 예정입니까?

「恐れ入りますが、お電話を頂きたい旨を、お伝えいただけますでしょうか。わたくしは〇〇物産の金と申します。電話番号は〇〇…です。」

죄송합니다만, 전화를 받고 싶은 취지를 전해주시겠습니까? 저는 〇〇물산의 김입니다. 전화번호는〇〇…입니다.

「それではよろしくお願いします。ありがとうございました。」

그럼, 잘 부탁합니다. 감사합니다.

b. 회의 중일 때

자신의 용건 또는, 영업 전화라면……

회의가 끝나는 시간을 묻고, 전화를 새로 건 취지를 전하고 전화를 끊는다.

「会議は何時までのご予定でしょうか？」 회의는 몇 시까지 예정입니까?

「それでは改めてこちらからご連絡を差し上げます。ありがとうございました。」

그럼 새로 제 쪽에서 연락을 드리겠습니다. 감사합니다.

상대방의 용건으로 내가 전화를 했다면……

1. 상대로부터 용건이 있었다는 것을 전하고,
2. 즉시 전화를 바라는 취지를 전하고,
3. 나의 회사명, 이름, 전화번호를 전하고,
4. 인사를 하고 전화를 끊는다.

「山本様からお電話を頂いたようなのですが、会議は何時までのご予定でしょうか？」

야마모토 씨로부터 전화를 받은 것 같습니다만, 회의는 몇 시까지 예정입니까?

「恐れ入りますが、お電話を頂きたい旨を、お伝えいただけますでしょうか。わたくしは〇〇物産の金と申します。電話番号は〇〇…です。」

죄송합니다만, 전화를 받고 싶은 취지를 전해주시겠습니까? 저는 〇〇물산의 김입니다. 전화번호는〇〇…입니다.

「それではよろしくお願いします。ありがとうございました。」

그럼, 잘 부탁합니다. 감사합니다.

c. 상대에게 연결해 주었다면

자신의 용건 또는, 영업 전화라면……

1. 상대의 소속부서, 직위, 성명을 한 번 더 확인하면서, 자신의 회사명, 부서명, 성명을 말한다

2. 평소의 거래와 이용에 대한 인사를 하고, 상대의 사정을 묻는다
3. 용건을 요령 있게 간결하게 전한다
4. 인사를 하고 전화를 끊는다

평소의 거래와 이용에 대한 인사를 한다.
1 「山本様でいらっしゃいますか？わたくしは○○物産の金と申します。」
야마모토 씨입니까? 저는 ○○물산의 김입니다.
2 「いつもお世話になっております。山本様、今、3分ほどお時間を頂戴してもよろしいでしょうか。」
항상 신세를 지고 있습니다. 야마모토 씨, 지금, 3분 정도 시간을 내주셔도 괜찮을까요?
3 (用件を伝える) 용건을 전한다
4 「お時間を頂戴しまして、ありがとうございました。それでは失礼いたします。」
시간을 내주셔서 감사합니다. 그럼 실례하겠습니다.

상대방의 용건으로 내가 전화를 했다면……
1. 상대의 소속부서, 직위, 성명을 한 번 더 확인한다.
2. 자신의 회사명, 부서명, 성명을 말한다
3. 평소의 거래와 이용에 대한 인사를 한다
4. 상대로부터의 의뢰로 전화를 했다는 것을 전한다
5. 용건을 묻거나 답변을 한다
6. 인사를 하고 전화를 끊는다

1 「山本様でいらっしゃいますか？」 야마모토 씨입니까?
2 「わたくしは○○物産の佐藤と申します。」 저는 ○○물산의 사토입니다.
3 「いつもお世話になっております。」 항상 신세를 지고 있습니다.
4 「山本様、さきほどお電話を頂戴したようですが。」
야마모토 씨, 조금 전에 전화를 해 주신 것 같습니다만.
5. (用件を伝えるまたは回答する) 용건을 전하거나 또는 답변을 한다
6 「それではよろしくお願いします。ありがとうございました。」
그럼, 잘 부탁합니다. 감사합니다.

실전문제

この問題は短い対話形式で行われます。場面を表す絵がありますから、その絵を見ながら、話し相手が対話を始めるところを聞いてください。発信音がなったら、相手の言ったことに対して応答してください。発信音の後の応答時間は１５秒です。では、始めます。

問題１．

（２秒）発信音　　　　　　　　　（１５秒）　　　　　　　　終わりです

応答_____
_____
_____
_____

問題２．

　　（２秒）発信音　　　　　　　　　（１５秒）　　　　　　　　終わりです

応答_____
_____
_____
_____

응답의 예

問題1．わたくしは東京商事の山本と申します。池田部長、お願いします。

응답의 예 1　　いつもお世話になっております。私が池田ですが。
응답의 예 2　　いつもお世話になっております。あいにく池田は会議中でございます。どんなご用でしょうか。

Q　저는 도쿄상사의 야마모토라고 합니다. 이케다 부장님, 부탁합니다.
1. 항상 신세를 지고 있습니다. 제가 이케다입니다만.
2. 항상 신세를 지고 있습니다. 마침 이케다 부장님은 회의 중입니다. 어떤 볼일이십니까?

단어설명
東京 도쿄　商事 상사　山本 야마모토　申す「言う-말하다」의 겸양표현　池田 이케다　部長 부장　いつも 항상　お世話になる 신세를 지다　あいにく 공교롭게도　会議中 회의 중　~でございます「です-입니다」의 정중한 표현　ご用 볼일

問題2．はい、イロハ商事の野口でございます。

응답의 예 1　　野口様でしょうか。こちらはサクラ銀行の長田と申します。
응답의 예 2　　あ、いつも大変お世話になっております。先ほど貴社からお電話を頂いたようなのですが、どのようなご用件でしょうか？

Q　예, 이로하상사의 노구치입니다.
1. 노구치 씨입니까? 저는 사쿠라은행의 나가타입니다.
2. 아, 항상 매우 신세를 지고 있습니다. 조금 전에 귀사로부터 전화를 받은 것 같습니다만, 어떤 용건이신가요?

단어설명
商事 상사　~でございます「です-입니다」의 정중한 표현　野口様 노구치 씨　銀行 은행　長田 나가타　申す「言う-말하다」의 겸양표현　いつも 항상　大変 매우　お世話になる 신세를 지다　先ほど 조금 전　貴社 귀사　電話 전화　頂く「もらう-받다」의 겸양표현　用件 용건

6. 존경표현

※ 존경법

> お+동사ます형+になる

例)

① お帰りになる : 돌아가시다
② お着きになる : 도착하시다
③ お食べになる : 드시다(식사 종류)
④ お飲みになる : 드시다(음료수 종류)
⑤ お待ちになる : 기다리시다

> お+동사ます형+ください

例)

① お待ちください : 기다려 주세요
② お飲みください : 드세요
③ お止めください : 그만 두세요
④ お帰りください : 돌아가세요
⑤ お座りください : 앉으세요

> お+동사ます형+です

例)

① お待ちです : 기다리십니다
② お出掛けです : 외출하십니다
③ お帰りですか : 돌아가십니까?
④ お止めですか : 그만두십니까?
⑤ お着きですか : 도착하십니까?

각 동사의 수동형(られる・れる)

例)
① 先生が言われました : 선생님이 말씀하셨습니다
② こちらを見られている方が社長です : 이쪽을 보시고 있는 분이 사장님입니다
③ 部長はもう帰られました : 부장님은 벌써 돌아가셨습니다
④ 先生、明日来られますか : 선생님, 내일 오실 수 있습니까?
⑤ この本は教授が書かれたものです : 이것은 교수님이 쓰신 책입니다

お(ご)+명사+ください

例)
① お電話ください : 전화해 주세요
② ご連絡ください : 연락해 주세요
③ ご応募ください : 응모해 주세요
④ ご相談ください : 상담해 주세요
⑤ お問い合わせください : 문의해 주세요

※ 겸양법

お+동사ます형+する(いたす)

例)
① お待ちします : 기다리겠습니다
② お願いします : 부탁합니다
③ お帰りします : 돌아가겠습니다
④ お止めします : 그만두겠습니다
⑤ お持ちします : 들겠습니다

동사의 사역형+~ていただく(~하겠다)

例)
① 休ませていただきます : 쉬겠습니다
② 終わらせていただきます : 끝내겠습니다
③ 閉めさせていただきます : 닫겠습니다
④ やらせていただきます : 하겠습니다
⑤ 読ませていただきます : 읽겠습니다

お(ご)+명사+する(いたす)

例)
① お電話します : 전화하겠습니다
② ご連絡します : 연락하겠습니다
③ ご応募します : 응모하겠습니다
④ ご相談します : 상담하겠습니다
⑤ お問い合わせします : 문의하겠습니다

존경어/겸양어

	존경어	겸양어
会う(만나다)		お目にかかる
言う(말하다)	おっしゃる	申す・申し上げる
いる(있다)	いらっしゃる	おる
する(하다)	なさる	致す
やる(주다)		上げる・差し上げる
もらう(받다)		いただく・ちょうだいする
くれる(주다)	下さる	
行く(가다)	いらっしゃる おいでになる おこしになる	参る
来る(오다)	いらっしゃる おいでになる おこしになる お見えになる	参る
食べる(먹다) 飲む(마시다)	召し上がる あがる	いただく
見る(보다)	ご覧になる	拝見する
聞く(듣다)		うけたまわる
聞く(묻다)・尋ねる(묻다) 訪ねる(방문하다)		伺う
見せる(내보이다)		ご覧に入れる・お目にかける
着る(입다)	お召しになる	

실전문제

この問題は短い対話形式で行われます。場面を表す絵がありますから、その絵を見ながら、話し相手が対話を始めるところを聞いてください。発信音がなったら、相手の言ったことに対して応答してください。発信音の後の応答時間は１５秒です。では、始めます。

問題１．

（２秒）発信音　　　　　　　　　　　（１５秒）　　　　　　　　　終わりです

応答＿＿＿＿＿＿＿＿＿＿＿＿＿＿＿＿＿＿＿＿＿＿＿＿＿＿＿＿＿＿＿＿＿＿＿

＿＿＿＿＿＿＿＿＿＿＿＿＿＿＿＿＿＿＿＿＿＿＿＿＿＿＿＿＿＿＿＿＿＿＿＿＿＿

＿＿＿＿＿＿＿＿＿＿＿＿＿＿＿＿＿＿＿＿＿＿＿＿＿＿＿＿＿＿＿＿＿＿＿＿＿＿

＿＿＿＿＿＿＿＿＿＿＿＿＿＿＿＿＿＿＿＿＿＿＿＿＿＿＿＿＿＿＿＿＿＿＿＿＿＿

問題２．

（２秒）発信音　　　　　　　　　（１５秒）　　　　　　　終わりです

応答

응답의 예

問題１．先生、私の論文ご覧になりましたか。

응답의 예 1　　うん、ざっと目を通したけどなかなかよかったよ。
응답의 예 2　　ごめんね。最近とても忙しくて……。来週あたりはちょっと余裕があるから。来週の木曜日にもう一度来てくれない？

Q 선생님, 제 논문 보셨습니까?
1. 응, 대충 훑어보았는데 상당히 좋았어.
2. 미안해. 요즘 너무 바빠서……. 다음 주쯤은 좀 시간적이 여유가 있으니. 다음 주 목요일에 한번 더 와 줄래?

단어설명
先生 선생님　論文 논문　ご覧になる 「見る-보다」의 존경어　ざっと 대충　目を通す 훑어보다　なかなか 상당히, 좀처럼　最近 최근　とても 매우　忙しい 바쁘다　来週 다음 주　あたり 쯤　ちょっと 좀, 잠깐　余裕 여유　木曜日 목요일　一度 한번

問題２．また明日、訪問させていただきたいのですが。

응답의 예 1　　はい、お待ちしております。
응답의 예 2　　今日は大変申し訳ございませんでした。急に大事な用事ができたので……。もう一度お詫びいたします。

Q 내일 또 방문하고 싶습니다만.
1. 예, 기다리고 있겠습니다.
2. 오늘은 대단히 죄송했습니다. 갑자기 중요한 일이 생겨서……. 한번 더 사과 드리겠습니다.

단어설명
明日 내일　訪問 방문　동사의 사역형+~ていただく(~하겠다)　待つ 기다리다　お+동사ます형+する 겸양표현　おる 「있다-いる」의 겸양표현　今日 오늘　大変 매우　申し訳ない 죄송하다　急に 갑자기　大事だ 중요하다　用事 볼일　できる 생기다　一度 한번　詫びる 사과하다

7. 이유와 원인

필수 표현

> なぜなら~から : 왜냐하면~때문에

なぜなら彼は病気だったからです。 왜냐하면 그는 병에 걸렸기 때문입니다.

なぜなら、あなたは素敵だからです。 왜냐하면 당신은 멋지기 때문입니다.

なぜなら私は本が好きだからです。 왜냐하면 나는 책을 좋아하기 때문입니다.

なぜならその公園で祭りが行われるからです。
왜냐하면 그 공원에서 축제가 행해지기 때문입니다.

なぜなら、私の夫が海外転勤になったからです。
왜냐하면 저의 남편이 해외로 전근 가기 때문입니다.

> だって~もの(もん) : 왜냐하면~한걸

お母さん：なんでお友達を叩いたの？ 왜 친구를 때렸어？
子供：だって、山本君が先に叩いてきたんだもん。
왜냐하면 야마모토 군이 먼저 때렸던걸.

A：どうして来なかった？ 왜 오지 않았어?
B：だって行きたくなかったんだもん。 왜냐하면 가고 싶지 않았던걸.

だって病気になっちゃったもの。 왜냐하면 병 걸렸던 걸.

だって森は確かに、葉っぱが茶色くなる秋には眠そうに見えるもん。
왜냐하면 숲은 확실히, 잎이 갈색으로 되는 가을에는 잠자는 듯이 보이는걸.

今は、来月の海外旅行のことでもう頭がいっぱいよ。だって、久々なんだもん。
지금은, 다음 달 해외여행 가는 일로 이미 머리가 복잡해. 왜냐하면 오랜만에 가는걸.

どうして~んですか : 왜~(했)어요?

どうしてそれを保管していたんですか。왜 그것을 보관하고 있었어요?

どうして考えを改めたんですか。왜 생각을 고쳤어요?

あなたはどうして一人きりなんですか。당신은 왜 외톨이에요?

どうして彼の助言に耳を貸そうとしなかったんですか。
왜 그의 조언에 귀를 기울이려고 하지 않았어요?

どうしてあなたは私に対して皮肉な発言をしたんですか？
왜 당신은 나에게 빈정거리는 발언을 했어요？

실전문제

この問題は短い対話形式で行われます。場面を表す絵がありますから、その絵を見ながら、話し相手が対話を始めるところを聞いてください。発信音がなったら、相手の言ったことに対して応答してください。発信音の後の応答時間は１５秒です。では、始めます。

問題１．

（２秒）発信音　　　　　　　　（１５秒）　　　　　　　　終わりです

応答_____

問題2.

（2秒）発信音　　　　　　　　　（15秒）　　　　　　　　終わりです

応答_____
_____
_____

응답의 예

問題1. どうして日本語の勉強をしているんですか。

응답의 예 1 　　なぜなら来年日本へ留学に行くからです。
응답의 예 2 　　だって外国語の勉強が好きなんだもん。また、大学4年生だから就職活動をしないといけないし。まあ、いろいろあるのよ。

Q 왜 일본어 공부를 하고 있어요?
1. 왜냐하면 내년에 일본으로 유학 가기 때문입니다.
2. 왜냐하면 외국어 공부를 좋아하는걸. 또, 대학 4학년이니까 취업활동을 해야 하고. 흠, 여러 이유가 있어.

단어설명
日本語 일본어　勉強 공부　来年 내년　留学 유학　だって 왜냐하면　外国語 외국어　好きだ 좋아하다　大学 대학　~年生 ~학년　就職 취직　活動 활동

問題2. どうして今日の勉強会に来なかったの？

응답의 예 1 　　昨日の夜、高校の同窓会があって、飲みすぎちゃって。行こうとしたけど、なかなか起きられなくて。
응답의 예 2 　　会社で急用ができて急いでやらなきゃいけないことがあって。早く終わらせて行こうとしたんだけど、なかなか終わらなくて。ごめんね。電話する時間もなかったんだよ。

Q 왜 오늘 공부모임에 오지 않았어?
1. 어젯밤에 고등학교 동창회가 있었는데, 과음해 버렸어. 가려고 했지만 좀처럼 일어날 수가 없었어.
2. 회사에서 급한 볼일이 생겨 서둘러 해야 할 일이 있었어. 빨리 끝내고 가려고 했지만, 좀처럼 끝나지가 않아서. 미안해. 전화할 시간도 없었어.

단어설명
今日 오늘　勉強会 공부모임　昨日 어제　夜 밤　高校 고등학교　同窓会 동창회　飲む 마시다　동사ます형+すぎる 지나치게~하다　なかなか 좀처럼, 매우　起きる 일어나다　急用 급한 볼일　急ぐ 서두르다　早く 빨리　終わる 끝나다　電話 전화

8. 전문

필수 표현

명사	だ	+ そうだ
な형용사	だ	(~라고 한다)
い형용사	종지형	
동사	종지형	

彼は、１０年前は公務員だったそうです。
그는 10년 전에는 공무원이었다고 합니다.

さくらがきれいだそうです。 벚꽃이 예쁘다고 합니다.

外へ行ってきた鈴木さんによれば外は寒いそうです。
밖에 다녀온 스즈끼 씨에 의하면 밖은 춥다고 합니다.

山田さんは大学入試に失敗したそうです。
야마다 씨는 대학입시에 실패했다고 합니다.

그 외의 전문표현

a. 台風が来るらしいです。 태풍이 올 것 같습니다.

b. 台風が来ると言っていました。 태풍이 온다고 했습니다.

c. 台風が来ると聞きました。 태풍이 온다고 들었습니다.

d. 台風が来るという。 태풍이 온다고 한다.

e. 台風が来るとのことです。 태풍이 온다고 합니다.

f. 台風が来るということです。 태풍이 온다고 합니다.

g. 台風が来るって。 태풍이 온데.

실전문제

この問題は短い対話形式で行われます。場面を表す絵がありますから、その絵を見ながら、話し相手が対話を始めるところを聞いてください。発信音がなったら、相手の言ったことに対して応答してください。発信音の後の応答時間は１５秒です。では、始めます。

問題１．

（２秒）発信音　　　　　　　　　（１５秒）　　　　　　　　終わりです

応答_____

_____

_____

_____

問題２．

（２秒）発信音　　　　　　　　（１５秒）　　　　　　　終わりです

応答_____

_____

_____

_____

응답의 예

問題1. 社長も明日の飲み会にいらっしゃるそうです。

응답의 예 1　本当ですか。何か飲みづらくなるような気がしますね。上司は会社だけでいいのに……。

응답의 예 2　ええ、聞きました。社長は気前のいい人だから、みんな楽しみにしているでしょう。2次会まで行くかもしれませんね。

Q　사장님도 내일 술자리에 오신다고 합니다.
1. 정말입니까? 왠지 술을 마시기 불편한 느낌이 드는군요. 상사는 회사에서만 상대해도 되는데…….
2. 예, 들었습니다. 사장님은 기분파인 사람이니까, 모두 기대하고 있죠? 2차까지 갈지도 모르겠군요.

단어설명
社長 사장　明日 내일　飲み会 술자리　いらっしゃる 「行く-가다・来る-오다」의 존경어　本当 정말　何か 뭔가, 왠지　飲む 마시다　동사ます형+づらい ~하기 어렵다, 불편하다　気がする 느낌이 들다　上司 상사　会社 회사　聞く 듣다　気前のいい 기분파다　楽しみ 기대, 즐거움　~次会 ~차　~かもしれない ~일지도 모른다

問題2. 彼女と別れたんだって？

응답의 예 1　うん。彼女が外国へ留学に行くから仕方なかったのよ。

응답의 예 2　5年も付き合ったのに、悲しいよ。いつも会社で仕事ばかりしていた僕にあきれたらしいよ。今さら後悔しても仕様がないけどなあ。

Q　그녀와 헤어졌다면서?
1. 응. 그녀가 외국으로 유학 가기 때문에 어쩔 수가 없었어.
2. 5년이나 사귀었는데, 슬퍼. 항상 회사에서 일만 했었던 나에게 질린 것 같아. 이제야 와서 후회해도 어쩔 수가 없지만 말이야.

단어설명

別^{わか}れる 헤어지다　外国^{がいこく} 외국　留学^{りゅうがく} 유학　仕方^{しかた}ない 어쩔 수 없다　付^つき合^あう 사귀다　悲^{かな}しい 슬프다　会社^{かいしゃ} 회사　仕事^{しごと} 일　~ばかり ~뿐, 만　僕^{ぼく} 나　あきれる 질리다　今^{いま}さら 이제야 와서　後悔^{こうかい} 후회　仕様^{しよう}がない 어쩔 수 없다

9. 양태

명사	(×)	
な형용사	어간	+ そうだ
い형용사	어간	(~할 것 같다・~인 것 같다)
동사	ます형	

* いい → よさそうだ ~좋은 것 같다
* ない → なさそうだ ~없을 것 같다
* 동사ます형+そうにもない・そうもない・そうもない ~할 것 같지도 않다

彼のおじさんはとても元気そうな人だった。
그의 삼촌은 매우 활발할 것 같은 사람이었다.

老舗の料理はとってもおいしそう！
대를 이어 운영하는 가게의 요리는 매우 맛있을 것 같아.

聞いたところでは、そんな昔のことでもなさそうです。
들은 바로는, 그렇게 옛날 일도 아닌 듯 합니다.

今日は雨が降りそうなので、傘を持っていったほうがよさそうだ。
오늘은 비가 내릴 것 같으니, 우산을 들고 가는 편이 좋을 것 같아.

そのときの彼女は今にも泣き出しそうな顔をしていた。
그 때의 그녀는 당장이라도 울음을 터뜨릴 듯한 표정을 지었다.

今夜は眠れそうにもない。
오늘 밤은 잠을 잘 수 있을 것 같지도 않아.

あなたは一度その映画を見たら、忘れそうもないでしょう。
당신은 한 번 그 영화를 보면 잊을 것 같지도 않을 것입니다.

실전문제

この問題は短い対話形式で行われます。場面を表す絵がありますから、その絵を見ながら、話し相手が対話を始めるところを聞いてください。発信音がなったら、相手の言ったことに対して応答してください。発信音の後の応答時間は１５秒です。では、始めます。

問題１．

（２秒）発信音　　　　　　　　　（１５秒）　　　　　　　　終わりです

応答＿＿＿＿＿＿＿＿＿＿＿＿＿＿＿＿＿＿＿＿＿＿＿＿＿＿＿＿＿＿＿＿＿＿＿

＿＿＿＿＿＿＿＿＿＿＿＿＿＿＿＿＿＿＿＿＿＿＿＿＿＿＿＿＿＿＿＿＿＿＿＿＿

＿＿＿＿＿＿＿＿＿＿＿＿＿＿＿＿＿＿＿＿＿＿＿＿＿＿＿＿＿＿＿＿＿＿＿＿＿

問題２．

（２秒）発信音　　　　　　　　（１５秒)　　　　　　　　終わりです

応答

응답의 예

問題１．明日までにこの宿題を終われそうもないよ。

응답의 예 1　そんなに難しいの？少し手伝おうか。今ちょうど手があいているよ。

응답의 예 2　そんなに量が多いんだ。あの先生の宿題はいつも難しくて量も多いよ。去年、私の担任先生だったからよく分かるよ。大変だけど頑張ってね。

Q 내일까지 이 숙제를 끝낼 수 있을 것 같지도 않아.
1. 그렇게 어려워? 조금 도와줄까? 지금 마침 할 일이 없어.
2. 그렇게 양이 많아? 그 선생님의 숙제는 항상 어렵고 양도 많아. 작년에 나의 담임선생님이었기 때문에 잘 알고 있어. 힘들겠지만 열심히 해.

단어설명

明日 내일　宿題 숙제　終わる 끝나다　難しい 어렵다　少し 조금　手伝う 돕다　ちょうど 마침, 딱　手があく 손이 비다, 할 일이 없다　量 양　多い 많다　先生 선생님　去年 작년　担任 담임　分かる 알다　大変だ 힘들다　頑張る 열심히 하다

問題２．うれしそうな顔をして。何かいいことでもある？

응답의 예 1　うん！好きだった彼女から花束をもらったの。うらやましいでしょう。

응답의 예 2　あるよ。楽しみにしていたコンサートのチケットをやっと手に入れたのよ。なかなか人気のある歌手だから買えないと思ってたの。

Q 기쁜 표정을 짓고. 뭔가 좋은 일이라도 있어?
1. 응! 좋아했던 그녀로부터 꽃다발을 받았어. 부럽지?.
2. 있어. 기대하고 있었던 콘서트의 티켓을 겨우 손에 넣었어. 상당히 인기가 있는 가수이기 때문에 살 수 없을 거라고 생각하고 있었거든.

단어설명

うれしい 기쁘다　顔をする 표정을 짓다　何か 뭔가　好きだ 좋아하다　花束 꽃다발　うらやましい 부럽다　楽しみ 기대, 즐거움　やっと 겨우　手に入れる 손에 넣다　なかなか 상당히, 좀처럼　人気 인기　歌手 가수　買う 사다

10. 예정

> 予定 : 이미 정해진 일이나 약속한 일에 대해서 이야기할 때

午後から外出の予定です。 오후부터 외출할 예정입니다.

彼女たちは今週の金曜日に彼を訪問する予定です。
그녀들은 이번 주 금요일에 그를 방문할 예정입니다.

医師は患者の家族と面談をする予定です。
의사는 환자의 가족과 면담할 예정입니다.

夏休みは自宅でゆっくり過ごす予定です。
여름방학에는 집에서 느긋하게 보낼 예정입니다.

この商品は1月17日に発売される予定です。
이 상품은 1월 17일에 발매될 예정입니다.

> つもり : 주관적(개인적)으로 생각한 계획에 대해서 이야기할 때 사용
> (확정된 계획은 아님)

私たちはそれが完成したら送るつもりです。
우리들은 그것이 완성되면 보낼 생각입니다.

明日お土産を家族に渡すために帰省するつもりです。
내일 선물을 가족에게 건네기 위해 귀성할 생각입니다.

次の日曜日は私は家でのんびりするつもりです。
다음 일요일은 나는 집에서 느긋하게 보낼 생각입니다.

私は来月、妻と私の友人とハイキングに行くつもりです。
나는 다음 달, 아내와 나의 친구와 함께 하이킹하러 갈 생각입니다.

体力の続く限り、この研究を続けるつもりです。
체력이 계속되는 한, 이 연구를 계속할 생각입니다.

> 동사의지형+と思っている : ~하려고 생각하고 있다

明日休みをとろうと思っている。 내일 휴가를 잡으려고 생각하고 있다.

友達を呼ぼうと思っているんだ。 친구를 부르려고 생각하고 있어.

出かけようと思っているところへ人に来られた。
외출하려고 생각하고 있는 중에 다른 사람이 왔다.

その仕事を引き受けようと思っている。 그 일을 받아들이려고 생각하고 있다.

私はこの話を会議で紹介しようと思っている。
나는 이 이야기를 회의에서 소개하려고 생각하고 있다.

실전문제

ここでは2つの問題について質問されます。この問題は、絵を見ながら簡単な質問に答える問題です。まず、絵を見ながら問題を聞いてください。発信音の後の応答時間は6秒です。
では、始めます。

問題1.

（3秒）発信音　　　　　　　　　(6秒)　　　　　　　　　終わりです

応答_____

問題２．

　　（３秒）発信音　　　　　　　(6秒)　　　　　　　　終わりです

応答_____

_____

_____

응답의 예

問題１．夏休みは何をするんですか。

응답의 예 1　　そうですね。家族と近くの海水浴場でも行くつもりです。子供が海が好きなので。
응답의 예 2　　夏休みは海外へ行く予定です。そのため、パスポートも申請しました。海外旅行は初めてなのでとても楽しみにしています。

Q　여름휴가에는 뭘 할 거예요?
1. 글쎄요. 가족과 가까운 해수욕장이라도 갈 생각입니다. 아이가 바다를 좋아해서요.
2. 여름휴가에는 해외에 갈 예정입니다. 그 때문에 여권도 신청했습니다. 해외여행은 처음이기 때문에 매우 기대하고 있습니다.

단어설명
夏休み 여름휴가　家族 가족　近く 근처　海水浴場 해수욕장　行く 가다　子供 아이　海 바다　好きだ 좋아하다　海外 해외　予定 예정　申請 신청　旅行 여행　初めて 처음　楽しみ 기대, 즐거움

問題２．部長が会社を辞めるそうです。

응답의 예 1　　それで、部長とお酒でも飲もうと思っています。部長にはいつもお世話になっていましたから。
응답의 예 2　　聞きました。私はもうすぐ定年だが、再雇用制度を利用しようと思っています。最近は年をとっても仕事をしている人が多いですからね。

Q　부장님이 회사를 그만둔다고 합니다.
1. 그래서 부장님과 술이라도 마시려고 생각하고 있습니다. 부장님에게는 항상 신세를 졌어요.
2. 들었습니다. 저는 이제 곧 정년이지만, 재고용제도를 이용하려고 생각하고 있습니다. 요즘에는 나이를 먹어도 일을 하고 있는 사람이 많으니까요.

단어설명

部長 부장　会社 회사　辞める 그만두다　お酒 술　飲む 마시다　お世話になる 신세를 지다　聞く 듣다　定年 정년　再雇用 재고용　制度 제도　利用 이용　最近 최근　年をとる 나이를 먹다　仕事 일　多い 많다

短い応答 짧은 응답

1. 이유설명
なぜかというと・なぜかといえば

どうして(なぜ)〜(の)かというと、〜だからです

〜ことによって
それで・だから

理由は〜からです

〜から〜わけだ

실전문제
응답의 예

2. 선택과 비교
どちらかというと

両方とも

ずっと

むしろ

〜より〜の方が

もし〜

실전문제
응답의 예

3. 능력
上手だ

得意だ

下手だ

苦手だ

〜ことが(は)できる(できない)

실전문제
응답의 예

4. 장점과 단점

長所(ちょうしょ)

短所(たんしょ)

いいところ

悪(わる)いところ

~の問題点(もんだいてん)は・~の問題点が・~の問題点を

指摘(してき)される

실전문제

응답의 예

5. 경험과 희망

~たことがある(ない)

~の経験(けいけん)では(から)・~の経験(けいけん)からいうと

今(いま)までは~

~ことを願(ねが)って(望(のぞ)んで)いる

~たいと思(おも)っている

これからは(も) ~

실전문제

응답의 예

제 4 부 短い応答

필수 표현

1. 이유설명

> なぜかというと・なぜかといえば　왜냐하면

私たちはイスなどの家具を廊下の中央に置かなければならない。なぜかといえば、廊下が長すぎるからだ。
우리들은 의자 등의 가구를 복도 중앙에 두어야만 한다. 왜냐하면, 복도가 너무 길기 때문이다.

来週、国に帰る予定です。なぜかというと、親友の結婚式に出席するからです。
다음 주, 고향에 돌아갈 예정입니다. 왜냐하면, 친구의 결혼식에 출석하기 때문입니다.

この場所が大好きだ。なぜかというと、たくさんの思い出があるからだ。
이 장소를 아주 좋아한다. 왜냐하면, 많은 추억이 있기 때문이다.

昔、日本人は肉を食べなかった。なぜかといえと、肉を食べることが仏教の教えに反したからだ。
옛날에, 일본인은 고기를 먹지 않았다. 왜냐하면, 고기를 먹는 것이 불교의 가르침에 반했기 때문이다.

彼は新しい背広とネクタイを買った。なぜかといえと、就職の面接があるからだ。
그는 새로운 정장과 넥타이를 샀다. 왜냐하면, 취직 면접이 있기 때문이다.

> どうして(なぜ)～(の)かというと、～だからです　왜~가 하면, ~하기 때문입니다

どうしてここに物が置いてあるかというと、後で使うからです。
왜 여기에 물건이 놓여져 있는가 하면, 나중에 사용하기 때문입니다.

どうしてこの大学は高い(の)かというと、私立大学だからだ。
왜 이 대학은 비싼가 하면, 사립대학이기 때문입니다.

どうして試験に失敗した(の)かというと、計画的に勉強しなかったからです。
왜 시험에 떨어졌는가 하면, 계획적으로 공부하지 않았기 때문입니다.

なぜ国立大学にいくつもりか(つもりなのか)というと、安いからだ。
왜 국립대학에 갈 생각인가 하면, 싸기 때문이다.

なぜ日本語を勉強している(の)かというと、日本の企業に就職したいからです。
왜 일본어를 공부하고 있는가 하면, 일본 기업에 취직하고 싶기 때문입니다.

~ことによって ~것에 의해서

私はそのことによって気分を悪くしました。
나는 그것에 의해서 기분이 나빠졌습니다.

相手の話を途中でさえぎる人は、そのことによって相手がどれほど不愉快な思いをするのかをまったく想像していません。
상대의 이야기를 도중에 차단하는 사람은, 그것에 의해서 상대가 얼마나 불쾌한 마음을 품는가를 전혀 상상하고 있지 않습니다.

練習をすることによって完璧に近づくといわれています。
연습을 하는 것에 의해서 완벽에 다가간다고 일컬어지고 있습니다.

見たり聞いたりすることによって知識を得る。
보거나 듣거나 하는 것에 의해서 지식을 얻는다.

ナイフを使用することによって肉を切ります。
칼을 사용하는 것에 의해서 고기를 자릅니다.

それで・だから 그래서・때문에

寝過ごしてしまった。それで、汽車に乗り遅れた。
지나치게 자 버렸다. 그래서 기차시간에 늦어서 못 탔다.

昨日は飲み過ぎた。それで、今日は二日酔いだ。
어제는 과음을 했다. 그래서 오늘은 숙취가 있다.

納得できなくて、それでまた質問したのです。
납득을 할 수 없어서, 그래서 또 질문했던 것입니다.

午後から雨らしい。だから、傘を持って行った方がいいよ。
오후부터 비가 내리는 것 같다. 때문에 우산을 들고 가는 편이 좋아.

ここは危ない。だから入ってはいけない。
이곳은 위험하다. 때문에 들어가서는 안 된다.

旅行が好きだ。だから、夏に日本に行きたい。
여행을 좋아한다. 때문에 여름에 일본에 가고 싶다.

理由は~からです 이유는~때문입니다

理由は、私はここ数年海に行ってないからです。
이유는, 나는 이 수년 간 바다에 가지 않았기 때문입니다.

茶道を始めた理由は着物が大好きだからです。
다도를 시작한 이유는 기모노를 아주 좋아하기 때문입니다.

第一の理由はあなたがかっこよいからです。
첫 번째 이유는 당신이 멋있기 때문입니다.

会社を休んだ理由はひどい頭痛がしたからだった。
회사를 쉰 이유는 심한 두통이 있었기 때문입니다.

私がこの映画を選んだ理由は、単純に面白そうだったからです。
내가 이 영화를 선택한 이유는, 단순히 재미있을 것 같았기 때문입니다.

…から~わけだ …때문에~것이다

山田さんは料理を習っていたから、料理が上手なわけだ。
야마다 씨는 요리를 배웠기 때문에, 요리를 잘하는 것이다.

時差がありますから、パリ到着が現地時間の二十日正午になるわけです。
시차가 있으니까, 파리도착이 현지 시간 20일 정오가 되는 것입니다.

いつも遅刻をするから、先生にしかられるわけだ。
항상 지각을 하니까, 선생님께 혼나는 것이다.

台風が近づいているから波が高いわけだ。
태풍이 다가오고 있기 때문에 파도가 높은 것이다.

全然勉強しなかったから試験に落ちたわけです。
전혀 공부하지 않았기 때문에 시험에 떨어진 것입니다.

실전문제

ここでは身近な３つの問題について質問されます。発信音がなったら、質問に答えてください。あなたの日本語能力を正しく判断できるよう、できるだけ詳しく答えてください。発信音の後の応答時間は各問題につき25秒です。
では、始めます。

問題１．
　　（15秒）発信音　　　　　　　　　(25秒)　　　　　　　　　終わりです

応答＿＿＿＿＿＿＿＿＿＿＿＿＿＿＿＿＿＿＿＿＿＿＿＿＿＿＿＿＿＿＿＿＿＿
＿＿＿＿＿＿＿＿＿＿＿＿＿＿＿＿＿＿＿＿＿＿＿＿＿＿＿＿＿＿＿＿＿＿＿＿
＿＿＿＿＿＿＿＿＿＿＿＿＿＿＿＿＿＿＿＿＿＿＿＿＿＿＿＿＿＿＿＿＿＿＿＿
＿＿＿＿＿＿＿＿＿＿＿＿＿＿＿＿＿＿＿＿＿＿＿＿＿＿＿＿＿＿＿＿＿＿＿＿

問題２．
　　（15秒）発信音　　　　　　　　　(25秒)　　　　　　　　　終わりです

応答＿＿＿＿＿＿＿＿＿＿＿＿＿＿＿＿＿＿＿＿＿＿＿＿＿＿＿＿＿＿＿＿＿＿
＿＿＿＿＿＿＿＿＿＿＿＿＿＿＿＿＿＿＿＿＿＿＿＿＿＿＿＿＿＿＿＿＿＿＿＿
＿＿＿＿＿＿＿＿＿＿＿＿＿＿＿＿＿＿＿＿＿＿＿＿＿＿＿＿＿＿＿＿＿＿＿＿
＿＿＿＿＿＿＿＿＿＿＿＿＿＿＿＿＿＿＿＿＿＿＿＿＿＿＿＿＿＿＿＿＿＿＿＿

問題３．
　　（15秒）発信音　　　　　　　　　(25秒)　　　　　　　　　終わりです

応答＿＿＿＿＿＿＿＿＿＿＿＿＿＿＿＿＿＿＿＿＿＿＿＿＿＿＿＿＿＿＿＿＿＿
＿＿＿＿＿＿＿＿＿＿＿＿＿＿＿＿＿＿＿＿＿＿＿＿＿＿＿＿＿＿＿＿＿＿＿＿
＿＿＿＿＿＿＿＿＿＿＿＿＿＿＿＿＿＿＿＿＿＿＿＿＿＿＿＿＿＿＿＿＿＿＿＿
＿＿＿＿＿＿＿＿＿＿＿＿＿＿＿＿＿＿＿＿＿＿＿＿＿＿＿＿＿＿＿＿＿＿＿＿

응답의 예

問題１．あなたは海外旅行が好きですか、国内旅行がすきですか。

응답의 예 １　　私は国内旅行が好きです。なぜなら海外旅行より安いからです
응답의 예 ２　　海外旅行の方がずっと好きです。なぜかというと、世界とつながりたいと思うからです。国内もいい場所はたくさんあります。ですが、経験として国内では味わえない食べ物と新しい文化を学ぶのも楽しいと思います。

Q　당신은 해외여행을 좋아합니까? 국내여행을 좋아합니까?
1. 저는 국내여행을 좋아합니다. 왜냐하면 해외여행보다 저렴하기 때문입니다.
2. 해외여행 쪽을 훨씬 좋아합니다. 왜냐하면, 세계와 이어지고 싶다고 생각하기 때문입니다. 국내도 좋은 장소는 많이 있습니다. 하지만, 경험으로서 국내에서는 맛볼 수 없는 음식과 새로운 문화를 배우는 것도 즐겁다고 생각합니다.

단어설명
海外 해외　旅行 여행　好きだ 좋아하다　国内 국내　安い 저렴하다, 싸다　ずっと 훨씬　世界 세계　つながる 이어지다, 연결되다　場所 장소　経験 경험　～として ～으로서　味わう 맛보다　食べ物 음식　新しい 새롭다　文化 문화　学ぶ 배우다　楽しい 즐겁다

問題２．あなたはサイクリングが好きですか、登山がすきですか。

응답의 예 １　　私は登山の方が好きです。理由は、登ってる最中は「もうここまででいい……」と何度も止めようと思いますが、登りきったときの達成感は「私でも登れた……」と、たまらないからです。
응답의 예 ２　　サイクリングです。どうしてかというと、風をじかに感じながら自転車をこぐのってなんともいえない爽快感がありますから！もしそれが景色の美しい場所ならなおさらです。それで私は、きまって、週末にはサイクリングに行っています。

Q　당신은 사이클링을 좋아합니까? 등산을 좋아합니까?
1. 저는 등산 쪽이 좋습니다. 이유는, 한창 오르는 중에는「이제 여기까지 오르면

됐어……」라고 몇 번이나 그만두려고 생각합니다만, 완전히 올라갔을 때의 달성감은「나도 오를 수 있다……」라고, (그 기분을) 참을 수 없기 때문입니다.
2. 사이클링입니다. 왜냐하면, 바람을 직접 느끼면서 자전거를 젓는 것은 뭐라고도 말할 수 없는 상쾌감이 있기 때문입니다! 만일 그것이 경치가 아름다운 장소라면 더할 나위가 없습니다. 그래서 저는, 으레 주말에는 사이클링하러 갑니다.

단어설명
サイクリング 사이클링 登山 등산 理由 이유 登る 오르다 最中 한창~하는 중 何度 몇 번 止める 그만두다 동사ます형+きる 전부(완전히)~하다 達成感 달성감 たまらない 참을 수 없다 風 바람 じかに 직접 感じる 느끼다 自転車 자전거 こぐ 젓다 なんとも 뭐라고도 爽快感 상쾌감 もし 만일 景色 경치 美しい 아름답다 場所 장소 なおさら 더 한층 きまって 반드시 週末 주말

問題3．あなたはどこから知識を得ていますか。

응답의 예 1   そうですね。どこにでも情報はたくさんあると思いますが、私の場合は本です。
응답의 예 2   私は調べ物の99%はネットやPC等から得ています。書籍などは必要な場合、参照しています。ただし、情報が必ずしもネットにあるとは限りません。本や技術書の中でしか書かれていない物もありますし新しい物を知る時は解説書を読み解いて初めて分かる物もあります。

Q 당신은 어디에서 지식을 얻고 있습니까?
1. 글쎄요. 어디에리도 정보는 많이 있다고 생각합니다만, 저의 경우는 책입니다.
2. 저는 조사내용의 99%는 인터넷이랑 PC등에서 얻고 있습니다, 서적 등은 필요한 경우, 참조하고 있습니다. 다만, 정보가 반드시 인터넷에 있다고는 할 수 없습니다. 책이랑 기술서 안에서만 쓰여져 있는 것도 있고, 새로운 것을 알 때는 해설서를 해독해서 처음으로 알 수 있는 것도 있습니다.

단어설명
知識 지식 得る 얻다 情報 정보 場合 경우 本 책 調べ物 조사할 것 ネット 인터

넷 等(など) 등 書籍(しょせき) 서적 必要(ひつよう) 필요 参照(さんしょう) 참조 ただし 다만, 단지 必(かなら)ずしも 반드시
~とは限(かぎ)らない ~라고는 할 수 없다 技術書(ぎじゅつしょ) 기술서 ~しか ~밖에 新(あたら)しい 새롭다
知(し)る 알다 時(とき) 때 解説書(かいせつしょ) 해설서 読(よ)み解(と)く 해독하다 初(はじ)めて 처음 分(わ)かる 알다

2. 선택과 비교

필수 표현

> どちらかというと 어느 쪽인가 하면

私もどちらかというと穏やかな所の方が好きです。
저도 어느 쪽인가 하면 평온한 곳이 있는 쪽을 좋아합니다.

私はどちらかというとコンサートに行きたかった。
나는 어느 쪽인가 하면 콘서트에 가고 싶었다.

彼はどちらかというと君の意見に傾いている。
그는 어느 쪽인가 하면 너의 의견에 기울어지고 있다.

日本のクリスマスは、どちらかというと恋人たちの日です。
일본의 크리스마스는, 어느 쪽인가 하면 애인들을 위한 날입니다.

それについて、私はどちらかというと賛成です。
그것에 대해서, 나는 어느 쪽인가 하면 찬성입니다.

> 両方とも 양쪽 다

私たちはその両方ともあなたに送りました。
우리들은 양쪽 다 당신께 보내드리겠습니다.

私はこの本の両方とも読んだが、どちらも面白くなかった。
나는 이 책의 양쪽 다 읽었지만, 어느 쪽도 재미없었다.

私は英語もドイツ語も両方とも話せる。
나는 영어도 독일어도 양쪽 다 말할 수 있다.

二人の学生は両方ともがテストに合格したわけではなかった。
두 사람의 학생은 양쪽 다가 테스트에 합격했던 것은 아니었다.

両方とも好きなわけではないです。
양쪽 다 좋아하는 것은 아닙니다.

ずっと 훨씬

彼女が私よりずっと英語が得意です。 그녀가 나보다 훨씬 영어를 잘 합니다.

私は昨日より今日がずっと具合がよい。 나는 어제보다 오늘이 훨씬 상태가 좋다.

あなたは写真より実物の方がずっとかわいい。
당신은 사진보다 실물 쪽이 훨씬 귀엽다.

夜に仕事をする方がずっと好きだよ。 밤에 일을 하는 편을 훨씬 좋아한다.

たいていの人は夏が好きだが、私に関する限り冬の方がずっと好きです。
대부분의 사람은 여름을 좋아하지만, 나에게 관한 한 겨울 쪽을 훨씬 좋아합니다.

むしろ 오히려

山へ行くくらいなら、むしろ何もせず家にいたほうがマシだ。
산에 갈 정도라면 오히려 아무 것도 하지 않고 집에 있는 편이 더 낫다.

実際ハイエナはしょっちゅう獲物を横取りするわけではなく、むしろライオンの方がそういった行動をよく見せる。
실제로 하이에나는 늘 먹이를 가로 채는 것이 아니고, 오히려 사자 쪽이 그러한 행동을 잘 보여준다.

人に任せるくらいならむしろ自分でやった方がいい。
다른 사람에게 맡길 정도라면 오히려 스스로 하는 편이 좋다.

雨の中を出かけるよりむしろ家にいたい。
빗속을 외출하는 것보다 오히려 집에 있고 싶다.

過度の運動は身体のためというよりむしろ害になる。
과도한 운동은 신체를 위한다고 하기 보다 오히려 해가 된다.

…より~の方が …보다~쪽이

静かなより賑やかな方が楽しい。조용한 것보다 왁자지껄한 쪽이 즐겁다.

叫ぶより冷静になった方がいいです。
소리치는 것보다 냉정하게 되는 쪽이 좋습니다.

僕は西洋の音楽よりも日本の音楽の方が好きです。
나는 서양음악보다도 일본 음악 쪽을 좋아합니다.

君よりも僕の方がむしろ悪い。너보다도 내 쪽이 오히려 나쁘다.

僕は洋服より和服の方がいいです。나는 양복보다 기모노 쪽이 좋습니다.

もし~(가정형) 만약~면

もし水がなかったら、生き物は生きていけないだろう。
만일 물이 없었다면, 생물은 살아갈 수 없을 것이다.

もしあなたの援助がなかったら、私は成功することはできなかっただろう。
만일 당신의 원조가 없었다면, 나는 성공하는 것은 불가능했을 것이다.

もし、あの時仕事を辞めてたらどうなってただろう。
만일 그 때 일을 그만두었다면 어떻게 되었을까?

もし面白い本を持っていましたら、少し貸してください。
만일 재미있는 책을 가지고 있다면, 조금 빌려 주세요.

もしご迷惑でなければ今晩お伺いしたいのですが。
만일 민폐가 아니라면 오늘밤 찾아 뵙고 싶습니다만.

もし誤りがあれば訂正しなさい。
만일 실수가 있다면 정정해라.

실전문제

ここでは身近な３つの問題について質問されます。発信音がなったら、質問に答えてください。あなたの日本語能力を正しく判断できるよう、できるだけ詳しく答えてください。発信音の後の応答時間は各問題につき25秒です。
では、始めます。

問題１．（15秒）発信音　　　　　　　　　(25秒)　　　　　　　終わりです

応答_____

_____

_____

_____

問題２．（15秒）発信音　　　　　　　　　(25秒)　　　　　　　終わりです

応答_____

_____

_____

_____

問題３．（15秒）発信音　　　　　　　　　(25秒)　　　　　　　終わりです

応答_____

_____

_____

_____

응답의 예

問題１．あなたは動物が好きですか。

응답의 예 1　　どちらかといえば好きです。でも、ペットを飼ったことはありません。マンション住まいだし、家に居る時間が少ないので世話ができないからです。

응답의 예 2　　あんまり好きじゃないです。子供の頃、犬に噛まれたことがあるからです。それ以来、全ての動物がいやになりました。いつかは猫でも飼ってみようと思っていますが、今のところではそういうつもりはありません。

Q　당신은 동물을 좋아합니까?
1. 어느 쪽인가 하면 좋아합니다. 하지만, 애완동물을 키운 적은 없습니다. 맨션에서 살고 있고, 집에 있는 시간이 적기 때문에 돌봐줄 수가 없기 때문입니다.
2. 별로 좋아하지 않습니다. 어릴 때, 개에게 물린 적이 있기 때문입니다. 그 이후, 모든 동물이 싫어졌습니다. 언젠가는 고양이라도 키워 보려고 생각하고 있습니다만, 지금은 그럴 생각은 없습니다.

단어설명
動物 동물　好きだ 좋아하다　ペット 애완동물　飼う 기르다　명사+住まい ~에 거주　家 집　居る 있다　時間 시간　少ない 적다　世話 돌봄　あんまり 그다지, 별로　子供の頃 어릴 때　犬 개　噛む 물다　それ以来 그 이후　全て 모든　いやだ 싫다　猫 고양이　今のところ 현재　つもり 생각, 예정

問題２．和食と洋食とどちらが好きですか。

응답의 예 1　　洋食も美味しいですがやはり和食ですね。個人的には和食に勝る料理はないと思っています。

응답의 예 2　　子供の時は洋食のほうが好きでしたが、大人になってからは、両方とも好きになりました。体調の悪い時に洋食を食べたいとは思わないので和食という事になるでしょうか。でも和食だけの生活も考えられません。絶対に両方、不可欠です。

Q 일식과 양식 중 어느 쪽을 좋아합니까?
1. 양식도 맛있습니다만, 역시 일식입니다. 개인적으로는 일식보다 나은 요리는 없다고 생각하고 있습니다.
2. 어릴 때는 양식 쪽을 좋아했습니다만, 어른이 되고 나서는, 양쪽 다 좋아하게 되었습니다. 몸이 안 좋을 때에 양식을 먹고 싶다고는 생각하지 않기 때문에 일식을 먹는 것이겠죠. 하지만, 일식만의 생활도 생각할 수 없습니다. 절대로 양쪽 다, 불가결입니다.

단어설명

和食 일식 洋食 양식 美味しい 맛있다 やはり 역시 個人的 개인적 勝る 더 낫다
料理 요리 子供の時 어릴 때 大人 어른 両方とも 양쪽 다 体調 컨디션, 몸 상태
悪い 나쁘다 生活 생활 考える 생각하다 絶対に 절대로 不可欠 불가결

問題３．あなたに１００万円があればどうしますか。

응답의 예 1   そのまま貯金するでしょう。特にほしい物が出てくるその日までとりあえず貯金します。それは心のゆとりになるからです。

응답의 예 2   １００万円なんて、貯めるのは大変だけど使うのは多分あっという間なんでしょうね。もし私にそんな大金が手に入ったら大好きな母を連れてファーストクラスを使って世界一周旅行をします。

Q 당신에게 100만 엔이 있으면 어떻게 하겠습니까?
1. 그대로 저금하겠죠. 특별히 갖고 싶은 물건이 나올 그 날까지 우선 저금하겠습니다. 그것은 마음의 여유가 되기 때문입니다.
2. 100만 엔은, 모으는 것은 힘들지만 사용하는 것은 아마 눈 깜짝할 사이이겠죠. 만일 저에게 그런 큰 돈이 손에 들어오면, 사랑하는 어머니를 모시고 퍼스트클래스 좌석을 사용하여 세계일주여행을 하겠습니다.

단어설명

そのまま 그대로 貯金 저금 特に 특별히 ほしい物 갖고 싶은 것 出る 나오다 日 날 とりあえず 우선 心 마음 ゆとり 여유 ~なんて ~은, 는 貯める 모으다 大変だ 힘들다 使う 사용하다 多分 아마 あっという間 눈 깜짝할 사이 もし 만일
大金 큰 돈 手に入る 손에 들어오다 大好きだ 아주 좋아하다 母 어머니 連れる 동반하다 ファーストクラス 퍼스트클래스 世界一周 세계일주 旅行 여행

3. 능력

필수 표현

上手だ 잘하다

→ 일상적으로 본인에게 사용하지 않는다. 그리고 주로 기술을 요구하는 능력에 대해서 사용하는데, 예를 들면 외국어실력, 요리, 어떤 물건의 수리 등이다. 그러나 공부나 기억력 등은 기술을 요구하는 것이 아니므로「上手」를 사용하면 어색해진다.

A : 彼女は話が上手ですか。 그녀는 말을 잘합니까?
B : もちろん、生まれながらにと言いたいね。 물론, 선천적으로 라고 말하고 싶어.

あなたの日本語はとても上手です。 당신의 일본어는 매우 능숙합니다.

私の母は料理が上手です。 저의 어머니는 요리를 잘합니다.

彼女は絵を描くのが上手だ。 그녀는 그림을 그리는 것을 잘한다.

ケンはとても上手にテニスをします。 켄은 매우 능숙하게 테니스를 칩니다.

得意だ 잘하다

→「잘하다, 능력 있다」는 의미이므로, 자신의 능력이나 상대방의 능력에 대해서 사용할 수 있다.

父は料理が得意だ。母はといえば、食べるのが得意だ。
아버지는 요리를 잘한다. 어머니는 먹는 것을 잘한다.

彼は数学より物理が得意です。 그는 수학보다 물리를 잘합니다.

大体女性のほうが男性より語学が得意だ。
대체로 여성 쪽이 남성보다 어학을 잘한다.

彼はプレゼンテーションを行うのが得意だ。
그는 프레젠테이션을 행하는 것을 잘한다.

私はどうやったら英語が得意になるのだろう。
나는 어떻게 하면 영어를 잘하게 될까?

下手だ 서툴다, 못하다

→「上手」와 반대어이고, 기술을 요구하는 능력이 서툴다는 의미로 사용된다. 그리고「上手」와는 다르게 본인의 능력에 대해서도 사용할 수 있다.

彼は会話は下手だが訳は上手だ。 그는 회화는 서툴지만 번역은 잘한다.

私のダンスは下手だから見せられない。
나의 댄스는 서툴기 때문에 보여줄 수 없다.

私はお金の使い方が下手だったと思います。
나는 돈 쓰는 방법이 서툴렀다고 생각합니다.

彼の手紙は字が下手だから読みにくい。
그의 편지는 글자가 서툴기 때문에 읽기 불편하다.

彼はイギリス生まれだが、英語がとても下手です。
그는 영국출생이지만, 영어가 매우 서툽니다.

苦手だ 잘하지 못하다

→「서툴다」라는 의미 외에「다루기 어려워 왠지 싫다」「별로 좋아하지 않는다」「가능하면 하고 싶지 않다」「어색하다」라는 의미도 있다.

私はスパゲッティが少し苦手だ。 나는 스파게티를 별로 좋아하지 않는다.

私は英語を話すことだけでなく書くことも苦手だ。
나는 영어를 말하는 것뿐만 아니라 쓰는 것도 서투르다.

私は長い間集中することが苦手だ。 나는 오랫동안 집중하는 것이 서투르다.

もしあなたに苦手な食べ物があれば教えて下さい。
만일 당신이 좋아하지 않는 음식이 있으면 가르쳐 주세요.

僕ってあがり性だから、人の前で話すのが苦手なんだよ。
나는 부끄러움이 많은 타입이기 때문에, 남 앞에서 말하는 것이 서투르다.

~ことが(は)できる(できない) ~수가(는) 있다(없다)

私はそちらで荷物を預けることができますか？
나는 그쪽에서 짐을 맡길 수가 있습니까?

ここでは夜に多くの星を見ることができる。
여기서는 밤에 많은 별을 볼 수가 있다.

焼きたてのパンをどこで買うことができますか。
막 구운 빵을 어디서 살 수가 있습니까?

申し訳ありませんが、今はあなたを助けることはできません。
죄송합니다만, 지금은 당신을 도울 수는 없습니다.

あなたがしたことを元に戻すことはできない。
당신이 한 일을 원래대로 되돌리는 것은 불가능하다.

残念ながら私は会議に参加することができません。
유감이지만 나는 회의에 참가할 수가 없습니다.

실전문제

ここでは身近な３つの問題について質問されます。発信音がなったら、質問に答えてください。あなたの日本語能力を正しく判断できるよう、できるだけ詳しく答えてください。発信音の後の応答時間は各問題につき25秒です。
では、始めます。

問題１．（15秒）発信音　　　　　　　　　　（25秒）　　　　　　終わりです

応答_____

_____

_____

問題２．（15秒）発信音　　　　　　　　　　（25秒）　　　　　　終わりです

応答_____

_____

_____

問題３．（15秒）発信音　　　　　　　　　　（25秒）　　　　　　終わりです

応答_____

_____

_____

응답의 예

問題１．あなたは水泳ができますか。

응답의 예 1	はい。小学生の時から水泳が得意でした。でも、プールだけで、海では下手です。
응답의 예 2	いいえ、全然泳げません。プールでも海でもできません。小学校に上がる前に川で溺れたことがあります。水は冷たいし、恐怖で大きい声を出すのがやっとでした。それ以来、水が怖くなりました。

Q 당신은 수영을 할 수 있습니까?
1. 예. 초등학교 때부터 수영을 잘했습니다. 하지만, 풀장에서만 가능하고 바다에서는 서툽니다.
2. 아뇨, 전혀 수영을 못합니다. 풀장에서도 바다에서도 못합니다. 초등학교에 들어가기 전에 강에서 빠진 적이 있습니다. 물은 차갑고, 공포로 큰 소리를 내는 것이 고작이었습니다. 그 이후, 물이 무서워졌습니다.

단어설명

水泳 수영 小学生 초등학생 得意だ 잘하다 海 바다 下手だ 서툴다 全然 전혀 泳ぐ 수영하다 上がる 올라가다 前 전 川 강 溺れる 물에 빠지다 水 물 冷たい 차갑다 恐怖 공포 大きい 크다 声 목소리 出す 내다 やっと 겨우, 고작 それ以来 그 이후 怖い 무섭다

問題２．あなたは外国語ができますか。

응답의 예 1	はい。英語は苦手ですが、日本語はある程度できます。でも日本語は漢字がたくさんあってちょっと大変です。
응답의 예 2	日本語が得意です。大学の専門も日本語で、日本に語学研修も１年間行ってきました。日本語は韓国語と文法的にも似ていますから覚えやすいです。また日本の文化にもたくさんの興味を持っていますので、これからももっと勉強しようと思っています。

Q 당신은 외국어를 할 수 있습니까?
1. 예. 영어는 못하지만, 일본어는 어느 정도 할 수 있습니다. 하지만, 일본어는 한자가 많이 있어서 조금 힘듭니다.
2. 일본어를 잘합니다. 대학에서의 전공도 일본어이고, 일본에 어학연수도 1년 간 갔다 왔습니다. 일본어는 한국어와 문법적으로도 비슷하기 때문에 배우기 쉽습니다. 또, 일본의 문화에도 많은 관심을 가지고 있기 때문에, 앞으로도 더욱 공부하려고 생각하고 있습니다.

단어설명
外国語 외국어 英語 영어 苦手だ 서툴다 日本語 일본어 ある程度 어느 정도 漢字 한자 大変だ 힘들다 得意だ 잘하다 大学 대학 専門 전문, 전공 語学 어학 研修 연수 ~年間 ~년 간 韓国語 한국어 文法的 문법적 似る 닮다 覚える 기억하다, 배우다 동사ます형+やすい ~하기 쉽다, ~하기 편하다 文化 문화 興味 흥미 持つ 가지다 これからも 앞으로도 勉強 공부

問題３．あなたはコンピューターを使うことができますか。

응답의 예 1   簡単なことならできます。例えば、メールの作成とかワープロぐらいです。
응답의 예 2   はい。高校の時からコンピューターのゲームに夢中でした。ゲームを通じてコンピューターについて分かるようになりました。メールの作成などの簡単なことからエクセル(Excel)やパワーポイント(PowerPoint)などの専門的なことまでできます。

Q 당신은 컴퓨터를 사용할 수가 있습니까?
1. 간단한 것이라면 할 수 있습니다. 예를 들면, 메일의 작성이나 워드프로세싱 정도입니다.
2. 예. 고등학교 때부터 컴퓨터게임에 빠졌습니다. 게임을 통해서 컴퓨터에 대해서 알게 되었습니다. 메일 작성 등의 간단한 것에서 액셀이랑 파워포인트 등의 전문적인 것까지 할 수 있습니다.

단어설명
使う 사용하다 簡単だ 간단하다 例えば 예를 들면 作成 작성 ~とか ~라든가 高校 고등학교 ~に夢中だ ~에 빠지다 ~を通じて ~을 통해서 分かる 알다 専門的 전문적

4. 장점과 단점

필수 표현

長所 장점

微笑みは彼女の最大の長所であり、強みです。
미소는 그녀의 최대의 장점이고, 강점입니다.

だれにも長所に伴う欠点がある。 누구에게도 장점에 따르는 단점이 있다.

彼の長所の一つは忠実なことだ。 그의 장점의 하나는 충실한 것이다.

この機械の長所は取扱いが簡便な点にあります。
이 기계의 장점은 취급이 간편한 점에 있습니다.

彼は短所を補うだけの長所がある。 그는 단점을 보충할 만큼의 장점이 있다.

短所 단점

自分自身の短所を自覚している。 내 자신의 단점을 자각하고 있다.

私の短所は慎重過ぎることです。 나의 단점은 지나치게 신중한 것입니다.

私は自分の短所をあまり気にしないようにしています。
나는 자신의 단점을 그다지 신경 쓰지 않도록 하고 있습니다.

その提案には短所ばかりでなく長所もある。
그의 제안에는 단점뿐만 아니라 장점도 있다.

私は彼に短所があるから、かえっていっそう好きだ。
나는 그에게 단점이 있기 때문에, 오히려 더욱 좋아한다.

いいところ 좋은 점

あなたのいいところはその明るさです。 당신의 좋은 점은 바로 밝은 것입니다.

あなたにとって、日本のいいところは何ですか？
당신에게 있어서, 일본의 좋은 점은 무엇입니까?

あの男のいいところは気取りのないことだ。
저 남자의 좋은 점은 잘난 체 하지 않는 것이다.

この車のいいところは燃費です。 이 자동차의 좋은 점은 연비입니다.

私のいいところはいつも努力することです。
나의 좋은 점은 항상 노력하는 것입니다.

悪いところ 나쁜 점

彼には何も悪いところがないとは考えられない。
그에게는 나쁜 점이 아무 것도 없다는 것은 생각할 수 없다.

彼の行為にはまったく悪いところはない。 그의 행위에는 전혀 나쁜 점은 없다.

悪いところばかり見ようとすると、誰でも悪い人に見えて当然だ。
나쁜 점만 보려고 하면, 누구라도 나쁜 사람으로 보이는 것이 당연하다

心の悪いところを治そうと思うとかえって苦しんでしまうのかもしれません。
마음의 나쁜 점을 고치려고 생각하면 오히려 괴로워 질지도 모릅니다.

子供は大体親の悪いところばかり似るものです。
아이는 대체로 부모의 점만 닮는 법입니다.

~の問題点は・~の問題点が・~の問題点を ~의 문제점은(이・을)

そこではいくつかの問題点が発見された。
거기서는 몇 갠가의 문제점이 발견되었다.

私は仕事の問題点を改善しました。 나는 일의 문제점을 개선했습니다.

この機械のいくつかの問題点が発見されました。
이 기계의 몇 갠가의 문제점이 발견되었습니다.

この町の一番の問題点は交通です。 이 마을의 가장 큰 문제점은 교통입니다.

会社の問題点を解決するため、みんな頭を悩ましています。
회사의 문제점을 해결하기 위해 모두 고민하고 있습니다.

指摘される 지적 받다

これについては従来から指摘されている。
이것에 대해서는 예전부터 지적 받고 있다.

上司にミスを指摘された。 상사에게 실수를 지적 받았다.

他人から指摘された自分の欠点についてどう考えればいいですか。
타인으로부터 지적 받은 자신의 결점에 대해서 어떻게 생각하면 됩니까?

家族や友人にいびきを指摘されたことが何度もあります。
가족이랑 친구에게 코콜이를 지적 받은 일이 몇 번이나 있습니다.

人は人に指摘されても変わらないとよく言われている。
사람은 남에게 지적 받아도 변하지 않는다고 자주 일컬어지고 있다.

실전문제

ここでは身近な3つの問題について質問されます。発信音がなったら、質問に答えてください。あなたの日本語能力を正しく判断できるよう、できるだけ詳しく答えてください。発信音の後の応答時間は各問題につき25秒です。
では、始めます。

問題1．（15秒）発信音　　　　　　　　　　　(25秒)　　　　　　　終わりです

応答_____

_____

_____

_____

問題2．（15秒）発信音　　　　　　　　　　　(25秒)　　　　　　　終わりです

応答_____

_____

_____

_____

問題3．（15秒）発信音　　　　　　　　　　　(25秒)　　　　　　　終わりです

応答_____

_____

_____

_____

응답의 예

問題1. 自動車に比べてバイクの長所、短所を教えて下さい。

응답의 예 1　バイクの場合、道が混んでいても切り抜けできるし、燃料が少なくてすみます。ただし、雨の日は大変です。また疲れても運転を代わってもらえないということが短所です。

응답의 예 2　長所は渋滞していても、すりぬけできるし、燃費がいいことです。短所はなんと言っても危険ということです。事故でもあったら自動車より大怪我する可能性が大きいでしょう。また快適に走れる日なんて限られていることも短所として挙げられます。

Q　자동차와 비교해서 오토바이의 장점, 단점을 가르쳐 주세요.
1. 오토바이의 경우, 길이 막혀도 빠져 나갈 수 있고, 연료가 적게 해결됩니다. 단지, 비가 내리는 날은 힘듭니다. 또 피곤해도 운전을 대신해 받을 수 없는 것이 단점입니다.
2. 장점은 정체되어도, 빠져나갈 수 있고, 연비가 좋은 것입니다. 단점은 뭐니뭐니해도 위험하다는 것입니다. 사고라도 당하면 자동차보다 큰 부상을 입을 가능성이 크겠죠. 또 쾌적하게 달릴 수 있는 날은 한정되어 있는 것도 단점으로서 들 수 있습니다.

단어설명

自動車 자동차　~に比べて ~와 비교해서　長所 장점　短所 단점　教える 가르치다　場合 경우　道が混む 길이 막히다　切り抜け 빠져 나감　燃料 연료　少ない 적다　~てすむ ~으로 해결되다　ただし 단지　雨 비　日 날　大変だ 힘들다　疲れる 피곤하다　運転 운전　代わる 교대하다　渋滞 정체　すりぬけ 빠져 나감　燃費 연비　なんと言っても 뭐니뭐니해도　危険 위험　事故 사고　あう 안 좋은 경우를 당하다　大怪我 큰 부상　可能性 가능성　大きい 크다　快適 쾌적　走る 달리다　~なんて ~은(는)　限る 한정되다　挙げる 예를 들다

問題2. あなたの性格の良いところと悪いところは何ですか。

응답의 예 1　　　良いところは細かいことを気にしない、行動力があることです

。悪いところは計画性がないし、何でもマイペースということです。

응답의 예 2　良いところはうそをつかないことです。悪いところは、人前で何か発表したりするのが非常に苦手です。すぐ赤くなったり緊張してしゃべれなくなってしまいます。昔よりは良くなりましたが、もっと克服出来るようになりたいです。

Q　당신의 성격의 좋은 점과 나쁜 점은 무엇입니까?
1. 좋은 점은 세세한 것을 신경 쓰지 않고, 행동력이 있는 것입니다. 나쁜 점은 계획성이 없고, 뭐든지 내 위주라는 것입니다.
2. 좋은 점은 거짓말을 하지 않는 것입니다. 나쁜 점은, 다른 사람 앞에서 뭔가 발표하거나 하는 것이 매우 서툽니다. 바로 얼굴이 빨개지거나 긴장해서 말을 할 수 없게 되어버립니다. 옛날보다 좋아졌습니다만, 더욱 극복할 수 있도록 되고 싶습니다.

단어설명
性格 성격　良いところ 좋은 점　悪いところ 나쁜 점　細かい 세세하다　気にする 신경 쓰다　行動力 행동력　計画性 계획성　何でも 뭐든지　うそをつく 거짓말을 하다　人前 남 앞　発表 발표　非常に 매우　苦手だ 서툴다　すぐ 바로　赤い 빨갛다　緊張 긴장　しゃべる 말하다　昔 옛날　もっと 더욱　克服 극복　出来る 할 수 있다

問題3. 子供たちが携帯電話を持っていることの問題点は何ですか。

응답의 예 1　ほとんどの小学生が携帯電話を持つようになっても、中には持たない、持たせられない小学生も出てくるでしょう。少数派がイジメにあうかもしれないから校則で持たせないようにしたほうがいいと思います。
응답의 예 2　ネット上のいじめや有害サイトを通じて子供が犯罪に巻き込まれる危険性が、社会的に大きな問題となっています。ですから、子供に携帯電話のマナーや情報モラルを教えることや、家庭でも子供の携帯電話の利用の実態を把握し、フィルタリングの利用や、家庭でのルールづくりを行うことが大切だと思います。

Q　아이들이 휴대전화를 가지고 있는 것의 문제점은 무엇입니까?

1. 대부분의 초등학생이 휴대전화를 가지게 되어도, 게 중에는 없고, 가질 수 없는 초등학생도 나오겠죠. 적은 쪽이 괴롭힘을 당할지도 모르기 때문에 교칙으로 들고 올 수 없도록 하는 편이 좋다고 생각합니다.
2. 인터넷 상의 괴롭힘 이랑 유해사이트를 통해서 아이가 범죄에 휩쓸릴 위험성이 사회적으로 큰 문제가 되고 있습니다. 그렇기 때문에, 아이에게 휴대전화의 예의랑 정보에 대한 도덕을 가르치는 것이랑, 가정에서도 아이의 휴대전화의 이용 실태를 파악하여, 휠터링의 이용이랑, 가정에서의 룰 만들기를 행하는 것이 중요하다고 생각합니다.

단어설명

子供たち 아이들 携帯 휴대 電話 전화 持つ 가지다 問題点 문제점 ほとんど 거의, 대부분 小学生 초등학생 中には 게 중에는 出る 나오다 少数派 소수파 イジメ 괴롭힘 あう 안 좋은 경우를 당하다 ~かもしれない ~일지도 모른다 校則 교칙 ~上 ~상 有害 유해 ~を通じて ~을 통해서 犯罪 범죄 巻き込む 휩쓸리게 하다 危険性 위험성 社会的 사회적 情報 정보 モラル 도덕 教える 가르치다 家庭 가정 利用 이용 実態 실태 把握 파악 ルールづくり 룰 만들기 行う 행하다 大切だ 중요하다

5. 경험과 희망

필수 표현

> ~たことがある(ない) ~한 적이 있다(없다)

私はいくつかの国に観光旅行で行ったことがあります。
나는 몇 갠가의 나라에 관광여행으로 간 적이 있습니다.

子供の頃に、溺れて死にそうになったことがあります。
어릴 때, 물에 빠져서 죽을 뻔 한적이 있습니다.

それはかつて若者の間で流行ったことがある。
그것은 예전에 젊은이 사이에서 유행한 적이 있다.

私は今までにこんなに不思議な夢を見たことがないです。
나는 지금까지 이렇게 불가사의한 꿈을 꾼 적이 없습니다.

私は学校でめったに彼に会ったことがない。
나는 학교에서 좀처럼 그를 만난 적이 없다.

私たちは、それを不可能だと思ったことがありません。
우리들은, 그것을 불가능하다고 생각한 적이 없습니다.

> ~の経験では(から)・~の経験からいうと ~의 경험으로는

私の経験では、そんな計画は不可能だ。 나의 경험으로는 그런 계획은 불가능하다.

私の経験では最高の焼肉屋は韓国にある。
나의 경험으로는 최고의 고깃집은 한국에 있다.

今までの経験では、どのホテルの露天風呂はとてもよかったです。
지금까지의 경험으로는 모든 호텔의 노천탕은 매우 좋았습니다.

私の経験からいうと、自分のスタイルをもっていないという人は無駄な出費が多いと思う。
나의 경험으로는, 자신의 스타일을 가지고 있지 않은 사람은 쓸데없는 지출이 많다고 생각한다.

私の経験からいうと、物事は楽しもうと思えば、どんなときでも楽しめるものよ。
나의 경험으로는, 모든 일은 즐기려고 생각하면, 어떤 때라도 즐길 수 있는 법이야.

今までは~ 지금까지는~

私は今まではそんなにのどかな光景を見たことがないです。
나는 지금까지는 그렇게나 평화로운 광경을 본 적이 없습니다.

私たちの税は今まではたやすかった。しかしこれからはきびしいだろう。
우리들의 세금은 지금까지는 저렴했다. 그러나 앞으로는 높아질 것이다.

今までは検査なく輸入可能でした。 지금까지는 검사 없이 수입 가능했습니다.

今まではなぜできなかったのか分かりません。
지금까지는 왜 할 수 없었던 건지 모르겠습니다.

今までは都内の安いホテルを利用していました。
지금까지는 도내의 싼 호텔을 이용했습니다.

~ことを願って(望んで)いる ~것을 원하고(바라고) 있다

あなたが素晴らしい一日を過ごすことを私は願っている。
당신이 멋있는 하루를 보낼 것을 나는 원하고 있다.

博物館で新しいショーを見ることを願っています。
박물관에서 새로운 쇼를 보는 것을 원하고 있습니다.

あなたがクリスマスに帰って来ることを願っています。
당신이 크리스마스에 돌아올 것을 원하고 있습니다.

私たちはその校則を廃止することを望んでいます。
우리들은 그 교칙을 폐지할 것을 바라고 있습니다.

常に、思いがけなく大金を得ることを望んでいます。
늘, 생각지도 못하는 큰 돈을 얻는 것을 바라고 있습니다.

問題の速い解決を見つけることを望んでいます。
문제의 빠른 해결을 찾는 것을 바라고 있습니다.

~たいと思っている ~하고 싶다고 생각하고 있다

私はまたいつか君とサッカーがしたいと思っています。
나는 또 언젠가 너와 축구를 하고 싶다고 생각하고 있습니다.

私は今の仕事を退職したいと思っている。
나는 지금의 일을 퇴직하고 싶다고 생각하고 있다.

引退する前にもう一度花を咲かせたいと思っている。
은퇴하기 전에 한번 더 꽃을 피우고 싶다(능력을 발휘하고 싶다)고 생각하고 있다.

彼女は肥満なので体重を減らしたいと思っている。
그녀는 비만이기 때문에 체중을 줄이고 싶다고 생각하고 있다.

私はあなたと良い友達関係を築きたいと思っています。
나는 당신과 좋은 친구관계를 쌓고 싶다고 생각하고 있습니다.

これからは(も)~ 앞으로는(도)~

これからは早起きしなくてはならないです。
앞으로는 일찍 일어나지 않고서는 안 됩니다.

これからは自分のことは自分でやります。
앞으로는 자신의 일은 스스로 하겠습니다.

私はこれからもこの出来事は忘れないでしょう。
나는 앞으로도 이 일은 잊지 않겠죠.

私はそれについてはこれから考えていこうと思います。
나는 그것에 대해서는 앞으로 고려해 가려고 생각합니다.

私はこれからは勉強をちゃんとしようと決意しました。
나는 앞으로는 공부를 제대로 하려고 결의했습니다.

실전문제

ここでは身近な３つの問題について質問されます。発信音がなったら、質問に答えてください。あなたの日本語能力を正しく判断できるよう、できるだけ詳しく答えてください。発信音の後の応答時間は各問題につき25秒です。
では、始めます。

問題１．（15秒）発信音　　　　　　　　　(25秒)　　　　　　　終わりです

応答_____
_____
_____
_____

問題２．（15秒）発信音　　　　　　　　　(25秒)　　　　　　　終わりです

応答_____
_____
_____
_____

問題３．（15秒）発信音　　　　　　　　　(25秒)　　　　　　　終わりです

応答_____
_____
_____
_____

응답의 예

問題１．マナー違反を注意したことがありますか？

응답의 예 1　　はい。汽車で、前の座席でギャーギャー騒いでる若い女の子達に、「すみません、もう少し小さな声でお願いできますか。」と丁寧に言ったことがあります。うっとうしいおばさんだと思われただろうけど、一応静かにしてくれました。

응답의 예 2　　はい。コンサートで隣の子どもがうちわを振り回してぶつけてくるので、優しく注意したら、その横の母親が子どもにぶちぎれて、子どもはすねました。なんだかこっちが悪いことしたみたいになりました。マナー違反を注意するにも、要領が必要だと思いました。

Q　매너위반을 주의한 적이 있습니까?
1. 예. 기차에서, 앞 좌석에서 꺄악꺄악 거리며 떠들고 있는 젊은 여자 아이들에게「실례해요, 좀 더 작은 목소리로 부탁할 수 있을까요?」라고 친절하게 말한 적이 있습니다. 성가신 아줌마라고 생각되었겠지만, 우선은 조용히 해 주었습니다.
2. 예. 콘서트에서 옆 좌석의 아이들이 부채를 휘두르며 부딪혀 오기 때문에, 부드럽게 주의를 했더니 그 옆의 어머니가 아이에게 몹시 화를 내고, 아이는 토라졌습니다. 왠지 제가 나쁜 짓을 한 것 같이 되었습니다. 매너위반을 주의하려고 해도, 요령이 필요하다고 생각했습니다.

단어설명
マナー 매너　違反 위반　注意 주의　汽車 기차　前 앞　座席 좌석　騒ぐ 떠들다　若い 젊다　女の子達 여자 아이들　少し 조금　小さな声 작은 목소리　丁寧だ 친절하다, 정중하다　うっとうしい 성가시다　おばさん 아줌마　一応 우선, 일단　静かだ 조용하다　隣 옆　うちわ 부채　振り回す 휘두르다　ぶつける 부딪히다　優しい 부드럽다　横 옆　母親 어머니　ぶちぎれる 폭발하다, 몹시 화를 내다　すねる 토라지다　동사 기본형+にも ~하려고 해도　悪い 나쁘다　要領 요령　必要 필요

問題２．あなたは通信販売を利用したことがありますか。

응답의 예 1	いいえ、ないです。でも、便利なところがたくさんあると聞いたのでこれから一度利用してみたいと思います。
응답의 예 2	はい。この間、カメラをインタネット通信販売で買いました。とても便利で安かったので満足しました。通信販売の利点は様々ですが、やはり欠点も考慮に入れた上で買い物を行う必要があると思います。

Q 당신은 통신판매를 이용한 적이 있습니까?
1. 아뇨, 없습니다. 하지만, 편리한 점이 많이 있다고 들었기 때문에 앞으로 한번 이용해 보고 싶다고 생각합니다.
2. 예. 이전에 카메라를 인터넷 통신판매로 샀습니다. 매우 편리하고 쌌기 때문에 만족했습니다. 통신판매의 이점은 다양하지만, 역시 결점도 고려에 넣어두고 나서 쇼핑을 할 필요가 있다고 생각합니다.

단어설명

通信 통신　販売 판매　利用 이용　便利だ 편리하다　聞く 듣다　一度 한번　この間 이전　買う 사다　安い 싸다　満足 만족　利点 이점　様々 다양함　やはり 역시　欠点 결점　考慮 고려　入れる 넣다　~上で ~하고 나서　買い物 쇼핑　行う 행하다　必要 필요

問題３．怖い映画を見たことがありますか。

응답의 예 1	いいえ、ありません。でも、今度彼女と見ようと思ってるのですが、僕はホラーが得意ではなくて、彼女も全般的にかなり苦手みたいです。
응답의 예 2	はい、何度もあります。怖いけど面白くてついつい指の隙間から見てしまいます。だけど、怖い映画を見た後はお手洗いに行くのが怖くなってしまうので、先に済ませるようにしています。また、私の経験からいうと、彼女とは見ないほうがいいでしょう。映画のあとは、今日来なければよかったと後悔するでしょう。

Q 무서운 영화를 본 적이 있습니까?
1. 아뇨, 없습니다. 하지만, 이번에 애인과 보려고 생각하고 있습니다만, 나는 호러영화를 좋아하지 않고, 그녀도 전반적으로 상당히 싫어하는 것 같습니다.

2. 예, 몇 번이나 있습니다. 무섭지만 재미있어서 그만 손가락 사이로 봐 버립니다. 하지만, 무서운 영화를 본 뒤는 화장실에 가는 것이 무서워져서, 먼저 (화장실을) 해결하도록 하고 있습니다. 또, 저의 경험으로는, 애인과는 보지 않는 편이 좋겠습니다. 영화를 본 뒤는, 오늘 오지 않았으면 좋았을 것을 이라고 후회합니다.

단어설명

怖い 무섭다 映画 영화 見る 보다 今度 이번 彼女 그녀, 애인 僕 나 ホラー 호러, 무서움 得意だ 잘하다 全般的 전반적 かなり 상당히, 꽤 苦手だ 잘못하다 何度 몇 번 面白い 재미있다 ついつい 그만, 무심코 指 손가락 隙間 사이, 틈 後 뒤 お手洗い 화장실 先に 먼저 済ませる 해결하다 経験 경험 今日 오늘 後悔 후회

長い応答 긴 응답

1. 경제
필수 어휘 및 표현
실전문제
응답의 예

2. 사회복지
필수 어휘 및 표현
실전문제
응답의 예

3. 환경
필수 어휘 및 표현
실전문제
응답의 예

4. 교육과 취업
필수 어휘 및 표현
실전문제
응답의 예

5. 비즈니스
필수 어휘 및 표현
실전문제
응답의 예

제 5 부 長い応答

1. 경제

필수 어휘 및 표현

赤字 적자
委託販売 위탁판매
違法行為 위법행위
売上 매상
売り出し 매출
営業費用 영업비용
オプション 옵션
外貨 외화
回収 회수
確定申告 확정신고
課税事業者 과세사업자
合併 합병
株式移転 주식이전
株主 주주
カルテル 기업연합
監査 감사
間接税 간접세
機会費用 기회비용
企業会計 기업회계
期待収益率 기대수익률
キャッシュ 현금
業績 업적
金融政策 금융정책
黒字 흑자
経営資本 경영자본

委員会 위원회
一般管理費 일반관리비
インフレーション 인플레이션
売上高 매상액
営業収益 영업수익
閲覧 열람
親会社 모회사
会計 회계
価格 가격
貸し出し 대출
課税基準 과세기준
株価 주가
株式会社 주식회사
上半期 상반기
為替レート 환율
完成品 완성품
勧誘 권유
機関投資家 기관투자가
基準価格 기준가격
寄付金 기부금
供給 공급
金融資産 금융자산
クレジット 크레디트
グローバル人事 글로벌 인사
経営者 경영자

景気 경기	決算 결산
経費 경비	原価 원가
現金 현금	現在価値 현재가치
源泉徴収 원천징수	権利落ち 권리가 떨어짐
公開会社 공개회사	広告宣伝費 광고선전비
工事進行 공사진행	効率的 효율적
子会社 자회사	国債 국채
国際通貨基金 국제통화기금	国内総生産 국내총생산
コスト 코스트, 비용	固定資産 고정자산
固定費 고정비	雇用 고용
債権 채권	在庫 재고
財政 재정	最低金利 최저금리
財務会計 재무회계	財閥 재벌
雑費 잡비	産学連携 산학연대
事業価値 사업가치	自己資本 자기자본
市場介入 시장개입	失業率 실업률
シナジー 시너지	支払い 지불
四半期 사반기	資本金 자본금
下半期 하반기	社外 사외
収益 수익	住民税 주민세
出資金 출자금	需要 수요
商業 상업	証券 증권
商売 장사	消費税
商品 상품	所得税 소득세
人件費 인건비	信用危機 신용위기
ストックオプション 스톡옵션	生産 생산
製造 제조	製品 제품
設備資本 설비자본	ゼロ金利 제로금리
早期退職 조기퇴직	総資産 총자산
租税 조세	貸借取引 대차거래

大量生産(たいりょうせいさん) 대량생산	ダンピング 덤핑
知的財産権(ちてきざいさんけん) 지적재산권	地方税(ちほうぜい) 지방세
長期(ちょうき) 장기	帳簿(ちょうぼ) 장부
直接費(ちょくせつひ) 직접비	著作権(ちょさくけん) 저작권
貯蓄(ちょちく) 저축	賃金(ちんぎん) 임금
追加(ついか) 추가	通貨(つうか) 통화
積立金(つみたてきん) 적립금	倒産(とうさん) 도산
投資(とうし) 투자	独占交渉権(どくせんこうしょうけん) 독점교섭권
特許権(とっきょけん) 특허권	共稼ぎ(ともかせぎ) 맞벌이
取引(とりひき) 거래	買収(ばいしゅう) 매수
配当(はいとう) 배당	破産法(はさんほう) 파산법
バブル経済(けいざい) 버블경제, 거품경제	販売費(はんばいひ) 판매비
ビジネスモデル 비즈니스모델	非正規雇用(ひせいきこよう) 비정규고용
費用(ひよう) 비용	不公正な取引(ふこうせいなとりひき) 불공정한 권리
負債(ふさい) 부채	不動産(ふどうさん) 부동산
分散投資(ぶんさんとうし) 분산투자	返済(へんさい) 변제
変動(へんどう) 변동	貿易(ぼうえき) 무역
法人税(ほうじんぜい) 법인세	マーケット 마켓, 시장
マーケティング 마케팅	マネジメント 매니저먼트
役員(やくいん) 임원	融資(ゆうし) 융자
輸出(ゆしゅつ) 수출	輸入(ゆにゅう) 수입
預金(よきん) 예금	予算(よさん) 예산
リスク管理(かんり) 리스크관리	流動性(りゅうどうせい) 유동성
労働生産性(ろうどうせいさんせい) 노동생산성	割引(わりびき) 할인

실전문제

ここでは３つの問題について質問されます。それらについてあなたの意見を述べてください。発信音がなったら問題に答えてください。あなたの日本語能力を正しく判断できるよう、できるだけ具体的に意見を述べてください。発信音の後の応答時間は各問題につき50秒です。
では、始めます。

問題１．（30秒）発信音　　　　　　　　　(50秒)　　　　　　終わりです

応答_____
_____
_____
_____

問題２．（30秒）発信音　　　　　　　　　(50秒)　　　　　　終わりです

応答_____
_____
_____
_____

問題３．（30秒）発信音　　　　　　　　　(50秒)　　　　　　終わりです

応答_____
_____
_____
_____

응답의 예

問題１．最近は、多くの企業は自分たち企業のPRのため、工場見学ツアーをしています。これについてあなたの意見を述べてください。

応答の例１　工場見学といえば子供が行くものだと思いがちですが、大人も楽しめる工場見学もたくさんあります。ビールやワイン、お菓子など。大人だけでも、家族でも、美味しく楽しく、すべて無料で見学できるんです。企業側も積極的にPRすることで、会社の知名度やイメージアップが図れるし、社員のモラル、やる気、意識も高まるでしょう。

応答の例２　とてもいいことだと思います。この頃、多くの企業は工場の見学ツアーを提供しています。見学者は工場に入って、そこで働く人や機械を見ることができます。これはどのようにして様々な製品が作られるのかを見学者が知るのに役立ちます。工場の中には新製品の試供品を配布するところもあり、こうすることで、より多くの人をツアーに参加させています。それで、工場見学ツアーに参加した人々は、この企業について良い印象を持つことができるので、工場見学ツアーはもっと広がると思います。

Q　최근에는 많은 기업은 자신들의 기업의 PR을 위해 공장견학투어를 하고 있습니다. 이것에 대해서 당신의 의견을 말해 주세요.

1. 공장견학이라고 하면 아이가 가는 것이라고 생각하기 쉽습니다만, 어른도 즐길 수 있는 공장견학도 많이 있습니다. 맥주나 와인, 과자 등. 어른만이라도, 가족이라도 맛있고 즐겁게 모두 무료로 견학할 수 있습니다. 기업측도 적극적으로 PR하는 것으로, 회사의 지명도랑 이미지 업을 도모할 수 있고, 사원의 도덕, 의욕, 의식도 높아지겠죠.

2. 매우 좋은 것이라고 생각합니다. 요즘, 많은 기업은 공장의 견학투어를 제공하고 있습니다. 견학자는 공장에 들어가서, 거기서 일하는 사람이랑 기계를 볼 수가 있습니다. 이것은 어떻게 해서 다양한 제품이 만들어지는가를 견학자가 아는데 도움이 됩니다. 공장 안에는 신제품의 견품을 배포하는 곳도 있어서, 이렇게 하는 것으로, 보다 많은 사람을 투어에 참가시키고 있습니다. 그래서 공장견학투어에 참가했던 사람들은, 이 기업에 대해서 좋은 인상을 가질 수가 있기 때문에 공장견학투어는 더욱 번질 거라고 생각합니다.

단어설명

最近 최근 多くの 많은 企業 기업 工場 공장 見学 견학 ツアー 투어 意見 의견
述べる 말하다 ~といえば ~라고 하면 子供 아이 行く 가다 동사ます형+がちだ
~하는 경향이 있다 大人 어른 楽しむ 즐기다 お菓子 과자 家族 가족 美味しい
맛있다 楽しい 즐겁다 すべて 모두 無料 무료 企業側 기업측 積極的 적극적
会社 회사 知名度 지명도 図る 도모하다 社員 사원 モラル 도덕 やる気 의욕 意
識 의식 高まる 높아지다 この頃 요즘 提供 제공 見学者 견학자 入る 들어가다
働く 일하다 機械 기계 様々な 다양한 製品 제품 作る 만들다 知る 알다 役立つ
도움이 되다 新製品 신제품 試供品 시공품, 견품 配布 배포 参加 참가 良い 좋다
印象 인상 持つ 가지다 もっと 더욱 広がる 번지다, 퍼지다

問題2. 最近、銀行の預金の金利が低くなっています。それで、財産を増やそうと株式に投資する人々が増えつつあります。株式に投資することについて賛成ですか、反対ですか。

응답의 예 1   汗水流して働いて、やっと頂いたお給料を、欲深く増やそうと株式投資に使うなんて、私には考えられない価値観です。株式でお金を稼ぐためには、それなりに勉強しなければなりませんね。自分の仕事を一生懸命しても会社でやむを得ず、首になるケースも多いので、今自分に与えられたことに夢中になることが一番大切だと思います。

응답의 예 2   結論から言うと賛成です。もちろん、自分の全財産をかけて投資することには反対ですけどね。余裕資金でやるべきでしょう。株を買う時には、株価の動きを自分なりに推測します。これからどの業種のどの企業の業績がよくなるかな？などと考えたり、研究したりするようになります。その予測の元に株を買って、思ったとおりに値上がりして利益をだせればとても嬉しいです。でも自分の予想に反して下がって損をしたとしても、どうしてだったんだろうと考えて、経済や世の中のしくみを知ることができます。だからあくまでも、余裕資金であれば株式投資はいいことだと思います。

Q   최근, 은행의 예금금리가 낮아지고 있습니다. 그래서 재산을 늘리려고 주식에

투자하는 사람들이 증가하고 있는 중입니다. 주식에 투자하는 것에 대해서 찬성합니까? 반대입니까?

1. 피땀 흘려 일해서, 겨우 받은 급료를, 욕심을 부리면서 늘리려고 주식투자에 사용하다니, 저로서는 생각할 수 없는 가치관입니다. 주식으로 돈을 벌기 위해서는 그 나름대로 공부를 해야만 합니다. 자신의 일을 열심히 해도 회사에서 어쩔 수 없이 해고가 되는 케이스도 많기 때문에, 지금 자신에게 주어진 일에 몰두하는 것이 가장 중요하다고 생각합니다.

2. 결론부터 말하자면, 찬성입니다. 물론, 자신의 전 재산을 걸고 투자하는 것에는 반대이지만요. 여유자금으로 해야만 하겠죠. 주식을 살 때에는, 주가의 움직임을 자기 나름대로 추측합니다. 앞으로 어떤 업종의 어떤 기업의 업적이 좋아질까? 등으로 생각하거나, 연구하거나 하게 됩니다. 그 예측 하에, 주식을 사서, 생각했던 대로 가격이 올라서 익을 낼 수 있으면 매우 기쁩니다. 하지만, 자신의 예상과는 반대로 가격이 내려가서 손을 입었다고 해도, 왜 그랬을까 라고 생각하며, 경제랑 세상의 구조를 알 수가 있습니다. 따라서 어디까지나 여유자금이라면 주식투자는 좋은 것이라고 생각합니다.

단어설명

最近 최근 銀行 은행 預金 예금 金利 금리 低い 낮다 財産 재산 増やす 늘리다 株式 주식 投資 투자 増える 늘리다 동사ます형+つつある ~하는 중이다 賛成 찬성 反対 반대 汗水流す 땀 흘려 고생하다 やっと 겨우 頂く 「もらう-받다」의 겸양표현 給料 급료 欲深い 욕심이 많다 使う 사용하다 ~なんて ~하다니 考える 생각하다 価値観 가치관 お金 돈 稼ぐ 벌다 それなりに 그 나름대로 勉強 공부 仕事 일 一生懸命 열심히 会社 회사 やむを得ず 어쩔 수 없이 首になる 해고가 되다 ケース 경우 多い 많다 与える 주다 ~に夢中だ ~에 빠지다 一番 가장 大切だ 중요하다 結論 결론 全財産 전 재산 かける 걸다 余裕 여유 資金 자금 株価 주가 動き 움직임 推測 추측 業種 업종 業績 업적 研究 연구 予測 예측 ~の元に ~의 아래에 買う 사다 思ったとおりに 생각했던 대로 値上がり 가격상승 利益 이익 だす 내다 嬉しい 기쁘다 予想 예상 ~に反して ~에 반해서 下がる 내려가다 損 손해 経済 경제 世の中 세상 しくみ 시스템, 구조 あくまでも 어디까지나, 끝까지

問題3. 世界的な不景気で、リストラされたり、ゼロ金利になったりして、老後の生活に不安を感じている人々が多いです。快適な老後の生活のためにどうすることが必要だと思いますか。

응답의 예 1　人によって「快適な老後」の定義は違ってくると思いますが、私が個人的に思う快適な老後とは、つまるところ4つのバランスのとれた状態だと思います。それは、健康、マネー、人間関係、生きがいです。いかがでしょうか。どれか一つでも「うまくいかない」とか「ない」という状態ならば快適に過ごすことはできないと思います。これは、老後に限らず人生いつでもそうなのでしょう。ですから若いときから老後のことを考えて生活すべきだと思います。

응답의 예 2　少子高齢化が進む現代、自分や家族の老後について不安を抱えている人は多いでしょう。充実した一生をまっとうするためには、公的年金の他にある程度の貯金も要ります。でも、何より大事なことは健康でしょう。体の健康だけでなく、精神的な健康も含めて考えなければいけないのですが、人に会う、食事をする、お酒を飲む、旅行に行くなど、何をしても健康を損ねていれば、そういった行動も億劫になってきます。これから老後を迎える人は、快適な老後にするには、とにかく健康というのは最大のキーポイントだと思います。

Q　세계적인 불경기로 구조 조정되거나, 제로금리가 되거나 해서, 노후의 생활에 불안을 느끼고 있는 사람들이 많습니다. 쾌적한 노후생활을 위해서 어떻게 하는 것이 필요하다고 생각합니까?

1. 사람에 따라 「쾌적한 노후」의 정의를 다르다고 생각합니다만, 제가 개인적으로 생각하는 쾌적한 노후라고 하는 것은, 요컨대 4개의 균형이 잡힌 상태라고 생각합니다. 그것은, 건강, 돈, 인간관계, 사는 보람입니다. 어떻습니까? 어느 것 하나라도 「잘 되지 않는다」라거나 「없다」는 상태가 되면 쾌적하게 보내는 것은 불가능하다고 생각합니다. 이것은 노후에 한하지 않고, 인생에서 언제라도 그렇겠지요. 때문에 젊었을 때부터 노후를 고려해서 생활해야만 한다고 생각합니다.

2. 저출산고령화가 진행되는 현대, 자신이랑 가족의 노후에 대해서 불안을 안고 있는 사람은 많겠죠. 충실한 일생을 완성하기 위해서는 공적연금 외에 어느 정

도의 예금도 필요합니다. 하지만 무엇보다 중요한 것은 건강일 것입니다. 몸의 건강뿐만 아니라, 정신적인 건강도 포함해서 생각하지 않으면 안 되는 것입니다만, 사람을 만난다, 식사를 한다, 술을 마신다, 여행 간다 등, 무엇을 하더라도 건강이 손상되어 있다면, 그러한 행동도 마음이 내키지 않게 됩니다. 앞으로 노후를 맞이하는 사람은, 쾌적한 노후를 보내려면, 여하튼 건강이라고 하는 것은 최대의 키포인트라고 생각합니다.

단어설명

世界的 세계적　不景気 불경기　リストラ 구조조정　ゼロ金利 제로금리　老後 노후　生活 생활　不安 불안　感じる 느끼다　多い 많다　快適 쾌적　必要 필요　定義 정의　違う 다르다　個人的 개인적　つまるところ 요컨대　状態 상태　健康 건강　マネー 머니, 돈　人間 인간　関係 관계　生きがい 사는 보람　過ごす 보내다　~に限らず ~에 한하지 않고　人生 인생　若い 젊다　考える 생각하다　生活 생활　少子高齢化 저출산고령화　進む 진행되다　現代 현대　家族 가족　不安 불안　抱える 안다　充実 충실　一生 일생　まっとうする 완성하다, 다하다　公的年金 공적연금　他 외　ある程度 어느 정도　貯金 예금　要る 필요하다　何より 무엇보다　大事だ 중요하다　体 몸　~だけでなく ~뿐만 아니라　精神的 정신적　含める 포함하다　会う 만나다　食事 식사　お酒 술　飲む 마시다　旅行 여행　損ねる 손상하다, 해치다　行動 행동　億劫 귀찮음, 마음이 내키지 않음　迎える 맞이하다　とにかく 여하튼　最大 최대

2. 사회복지

필수 어휘 및 표현

家出 가출
意思疎通 의사소통
移送サービス 이송서비스
うつ病 우울증
親不孝 불효
介護保険 고령자에 대한 간호보험
ガイドヘルパー (맹인을 위한) 인도보조원
簡易浴槽 간이욕조
虐待 학대
ケアマネジメント 고령자에 대한 의료관리
ケアハウス 저비용 양로원
後見人 후견인
高齢社会 고령사회
コミュニティ 커뮤니티
サービス管理 서비스관리
住宅ローン 주택융자
自立訓練 자립훈련
人権問題 인권문제
身体障害 신체장해
精神障害 정신장해
セラピスト 세러피스트
ソーシャルワーカー 소셜워커, 사회복지사
相談支援 상담지원
注意欠陥 주의결함
特別支援 특별지원
年寄り 노인
認知症(痴呆) 인지증(치매)

生きがい 사는 보람
いじめの問題 괴롭힘 문제
医療 의료
親孝行 효도
音楽療法 음악요법

基礎年金 기초연금

権利 권리
厚生医療 후생의료
高齢者世帯 고령자세대
在宅介護 재택간호
施設入所 시설입소
障害者 장해자
シルバー産業 노인산업, 실버산업
人種の差別 인종차별
生活の質 생활의 질
ゼネレーションギャップ 세대 차

地域援助活動 지역원조활동
特定疾患 특정질환
年頃 결혼적령기
日常災害 일상재해
福祉 복지

平均寿命(へいきんじゅみょう) 평균수명
保健所(ほけんじょ) 보건소
暴力(ぼうりょく) 폭력
盲導犬(もうどうけん) 맹도견, 장님의 길을 안내하는 개
離婚届け(りこんとどけ) 이혼신고서
老人ホーム(ろうじん) 양로원

訪問看護(ほうもんかんご) 방문간호
補助金(ほじょきん) 보조금
ボランティア 자원봉사
問題行動(もんだいこうどう) 문제행동
リハビリ 재활치료
ワンストップサービス 원스톱서비스

실전문제

ここでは３つの問題について質問されます。それらについてあなたの意見を述べてください。発信音がなったら問題に答えてください。あなたの日本語能力を正しく判断できるよう、できるだけ具体的に意見を述べてください。発信音の後の応答時間は各問題につき50秒です。
では、始めます。

問題１．（30秒）発信音　　　　　　　　　(50秒)　　　　　　終わりです

応答_____

_____

_____

_____

問題２．（30秒）発信音　　　　　　　　　(50秒)　　　　　　終わりです

応答_____

_____

_____

_____

問題３．（30秒）発信音　　　　　　　　　(50秒)　　　　　　終わりです

応答_____

_____

_____

_____

응답의 예

問題1. 少子高齢化が進んでいる中、認知症の親をどうすべきかについて話題になっています。意思疎通のできない親を有料老人ホームに入所させることについて、あなたはどう思いますか。

응답의 예 1　親を入居させて、いろいろ嫌な面も見てしまいますが、それでも24時間介護という点は大変助かります。老人ホームに入所したおかげで、私たち家族の生活は金銭面を除けば元通りになりました。睡眠も十分取れるようになり、私も妻も心身ともに健康を取り戻せて、気持ちに余裕を持てるようになりました。

응답의 예 2　反対です。ここまで苦労して育ててくれた親を裏切るようなことはできません。私としては老人ホームがいくら良い施設であっても、他人に親の面倒をみてもらうものだから何だか嫌な気がします。それで、いつも親に老後の心配なんてしなくていいからと言ってあります。

Q　저출산고령화가 진행되고 있는 속에서, 치매 걸린 부모를 어떻게 해야만 하는가에 대해서 화제가 되고 있습니다. 의사소통을 할 수 없는 부모를 유료양로원에 입소시키는 것에 대해서, 당신은 어떻게 생각합니까?

1. 부모를 입주시키면, 여러 가지 싫은 면도 봐 버립니다만, 그래도 24시간 병수발을 한다는 점에서는 상당히 도움이 됩니다. 양로원에 들어간 덕분으로, 우리들 가족의 생활은 금전면을 제외하면, 원래의 생활대로 되돌아 왔습니다. 수면도 충분히 취할 수 있게 되어, 저도 아내도 몸과 마음의 건강을 되찾을 수 있게 되어, 마음에 여유를 가질 수 있게 되었습니다.
2. 반대입니다. 지금까지 고생해서 길러 준 부모를 배신하는 듯한 짓을 할 수 없습니다. 저로서는 양로원이 아무리 시설이 좋아도, 다른 사람에게 부모를 보살피게 하는 것이기 때문에 괜히 싫은 느낌이 듭니다. 그래서, 항상 부모님께 노후의 걱정 따위는 하지 않아도 된다고 말하고 있습니다.

단어설명

少子高齢化 저출산고령화　進む 진행되다　認知症 치매　親 부모　話題 화제　意思疎通 의사소통　有料 유료　老人ホーム 양로원　入所 입소　入居 입주　嫌だ 싫다　面

면 介護_{かいご} 병수발 点_{てん} 점 大変_{たいへん} 상당히 助_{たす}かる 도움이 되다 おかげで 덕분에 家族_{かぞく} 가족 生活_{せいかつ} 생활 金銭面_{きんせんめん} 금전면 除_{のぞ}く 제외하다 元通_{もとどお}りに 원래대로 睡眠_{すいみん} 수면 十分_{じゅうぶん} 충분히 取_とる 취하다 妻_{つま} 아내 心身_{しんしん} 심신 ~とともに ~다 健康_{けんこう} 건강 取_とり戻_{もど}す 되돌리다 気持_{きも}ち 기분, 마음 余裕_{よゆう} 여유 持_もつ 가지다 反対_{はんたい} 반대 苦労_{くろう} 고생 育_{そだ}てる 키우다 裏切_{うらぎ}る 배신하다 ~としては ~로서는 いくら~ても 아무리~라도 良_よい 좋다 施設_{しせつ} 시설 他人_{たにん} 타인 面倒_{めんどう}をみる 보살피다 気_きがする 느낌이 들다 老後_{ろうご} 노후 心配_{しんぱい} 걱정 ~なんて ~따위

問題2．結婚しても子供を産まない夫婦が急増しています。その一番の理由が金銭的な問題だという調査結果もありました。出生率を上げるために、政府はどうしなければなりませんか。あなたの意見を述べてください。

응답의 예 1　　そんなに出生率を上げたいなら結婚して出産することを選んだ、若くて給料も少ない人への手当てを厚くするなり、給料が上がって将来が安心できる何かがある世の中にするなり、いろんな政策を作ってほしいです。子供は本当はもっとほしいけど金銭的に不安だから1人で我慢、2人で止めておこうって夫婦は私の周りにもたくさんいます。こういう人々がいなくなるよう、政府はちゃんとした対策を立てるべきです。

응답의 예 2　　結婚しても女性が働きやすい職場環境を作ることです。そのためには女性の意見を幅広く取り入れることが大切です。子供を産んでから会社を辞めてしまう女性がけっこういます。それは、子供を預ける所がないってことが一番の理由として挙げられています。だから、育児休暇をもらう必要がありますし、復帰した後も、以前のポジション・役職から落ちないなど、キャリアを継続する環境がほしいのです。そのためには政府が法律でちゃんと決めておけばいいでしょう。

Q　결혼을 해도 아이를 낳지 않는 부부가 급증하고 있습니다. 그 가장 큰 이유가 금전적인 문제라고 하는 조사결과도 있었습니다. 출생률을 올리기 위해서, 정부는 어떻게 해야만 합니까? 당신의 의견을 말해 주세요.

1. 그렇게 출생률을 올리고 싶다면, 결혼해서 출산하는 것을 선택한, 젊고 월급도

적은 사람에 대한 수당을 크게 하거나, 월급이 올라서 장래를 안심할 수 있는 뭔가가 있는 세상으로 만들거나, 여러 가지 정책을 만들기를 바랍니다. 자식은 사실은 더욱 원하지만, 금전적으로 불안하기 때문에 한 명 낳고 참고, 두 명으로 그만두자 라는 부부는 저의 주변에도 많이 있습니다. 이러한 사람들이 없어지도록, 정부는 제대로 된 정책을 세워야만 합니다.

2. 결혼해도 여성이 일하기 편한 직장환경을 만드는 것입니다. 그러기 위해서는 여성의 의견을 폭넓게 도입하는 것이 중요합니다. 아이를 낳고 나서 회사를 그만둬 버리는 여성이 상당히 있습니다. 그것은, 아이를 맡길 장소가 없다는 것이 가장 큰 이유로서 들 수 있습니다. 그래서 육아휴가를 받을 필요가 있고, 복귀한 뒤에도 이전의 지위・직위에서 떨어지지 않는 등, 경력을 계속 유지하는 환경을 원합니다. 그러기 위해서는 정부가 법률로 똑바로 정해두면 좋겠죠.

단어설명

結婚 결혼　子供 아이　産む 낳다　夫婦 부부　急増 급증　一番 가장　理由 이유　金銭的 금전적　問題 문제　調査 조사　結果 결과　出生率 출생률　上げる 올리다　政府 정부　意見 의견　述べる 말하다　出産 출산　選ぶ 선택하다　若い 젊다　給料 급료　少ない 적다　手当て 수당　厚い 두텁다　~なり~なり~ 한다거나~ 한다거나　上がる 올라가다　将来 장래　安心 안심　世の中 세상　政策 정책　作る 만들다　本当 사실, 진짜　もっと 더욱　不安 불안　我慢 참음　辞める 그만두다　周り 주변　ちゃんとした 제대로 된　立てる 세우다　女性 여성　働く 일하다　職場 직장　環境 환경　意見 의견　幅広い 폭넓다　取り入れる 도입하다　大切だ 중요하다　けっこう 상당히　預ける 맡기다　所 장소　理由 이유　挙げる 예를 들다　育児 육아　休暇 휴가　必要 필요　復帰 복귀　以前 이전　ポジション 지위　役職 직위　落ちる 떨어지다　キャリア 경력　継続 계속　法律 법률　決める 정하다

問題3. 福祉のため、税金をあげるほうがいいという意見がありますが、あなたはこれに賛成ですか、反対ですか、理由を挙げて話してください。

응답의 예 1　　福祉のためでも別に税金をあげなくてもいいと思います。税金の無駄遣いを無くせば普遍的な福祉ができるでしょう。税金を無駄遣いしているから、払っても足りなくなる。足りなくなるから、もっと払わなくてはいけなくなる。払うから、また無駄遣いをする。完全な悪循環になっているのです。ですから、私たちは、効

	率の良い税金の使い方をするよう、政府を監視するべきです。
응답의 예 2	今後、少子高齢化により、現役世代が急なスピードで減っていく一方で、高齢者は増えていきます。社会保険料など、現役世代の負担が既に年々高まりつつある中で、社会保障財源のために所得税や法人税の引上げを行えば、一層現役世代に負担が集中することとなります。特定の者に負担が集中せず、高齢者を含めて国民全体で広く負担する付加価値税が、高齢化社会における社会保障の財源にふさわしいと考えられます。

Q 복지를 위해, 세금을 올리는 편이 좋다고 하는 의견이 있습니다만, 당신은 이것에 찬성입니까? 반대입니까? 이유를 들어서 말해 주세요.

1. 복지를 위해서 라고 해도 딱히 세금을 올리지 않아도 된다고 생각합니다. 세금의 낭비를 없애면, 보편적인 복지를 할 수 있겠죠. 세금을 헛되이 사용하고 있기 때문에, 세금을 내어도, 모자란다. 부족하니까 더욱 세금을 내어야만 한다. 세금을 내니까 또 낭비를 한다. 완전한 악순환이 되어 버리는 것입니다. 그렇기 때문에, 우리들은 효율이 좋게 세금을 사용하도록, 정부를 감시해야만 합니다.

2. 앞으로, 저출산고령화에 의해, 현역세대가 급격한 스피드로 줄어가고 있는 한편으로, 고령자는 증가해 갑니다. 사회보험료 등, 현역세대의 부담이 이미 매년 높아지고 있는 속에서, 사회보장재원을 위해서 소득세랑 법인세의 인상을 행하면, 더 한층 현역세대에 부담이 집중되게 됩니다. 특정한 사람에게 부담이 집중되지 않고, 고령자를 포함해서 국민전체로 넓게 부담하는 부가가치세가, 고령화사회에서의 사회보장의 재원에 어울린다고 생각됩니다.

단어설명

福祉 복지 税金 세금 あげる 올리다 意見 의견 賛成 찬성 反対 반대 理由 이유 挙げる 예를 들다 別に 특별히, 딱히 無駄遣い 낭비 無くす 없애다 普遍的 보편적 払う 지불하다 足りない 부족하다 もっと 더욱 完全 완전 悪循環 악순환 効率 효율 良い 좋다 使い方 사용방법 政府 정부 監視 감시 今後 앞으로 少子高齢化 저출산고령화 現役 현역 世代 세대 急だ 급하다 減る 줄다 ~一方で ~한편으로 高齢者 고령자 増える 증가하다 社会 사회 保険料 보험료 負担 부담 既に 이미 年々 매년 高まる 높아지다 동사ます형+つつある ~하는 중이다 保障 보장

財源(ざいげん) 재원　所得税(しょとくぜい) 소득세　法人税(ほうじんぜい) 법인세　引(ひ)き上(あ)げ 인상　行(おこな)う 행하다　一層(いっそう) 더 한층　集中(しゅうちゅう) 집중　特定(とくてい) 특정　者(もの) 사람　~せず ~하지 않고　含(ふく)める 포함하다　国民(こくみん) 국민　全体(ぜんたい) 전체　広(ひろ)い 넓다　付加価値税(ふかかちぜい) 부가가치세　~における ~에서의　ふさわしい 어울리다　考(かんが)える 생각하다

3. 환경

필수 어휘 및 표현

悪臭(あくしゅう) 악취
一酸化炭素(いっさんかたんそ) 일산화탄소
田舎暮(いなかぐ)らし 시골생활
イタイイタイ病(びょう) 이타이이타이병
エコ家電(かでん) 친환경가전
エネルギー政策(せいさく) 에너지정책
汚染(おせん) 오염
オゾン層(そう) 오존층
海洋汚染防止(かいようおせんぼうし) 해양오염방지
核燃料(かくねんりょう) 핵연료
化石燃料(かせきねんりょう) 화석연료
家電(かでん)リサイクル法(ほう) 가전리사이클법
火力発電所(かりょくはつでんしょ) 화력발전소
危険物(きけんぶつ) 위험물
気象庁(きしょうちょう) 기상청
クリーンエネルギー 클린에너지
健康食品(けんこうしょくひん) 건강식품
黄砂(こうさ) 황사
交通需要(こうつうじゅよう) 교통수요
ゴミ持(も)ち帰(かえ)りツアー 본인의 쓰레기는 들고 돌아가는 여행
災害(さいがい) 재해
再利用(さいりよう) 재활용
酸性雨(さんせいう) 산성비
地震(じしん) 지진
紫外線(しがいせん) 자외선
自然破壊(しぜんはかい) 자연파괴
室内空気(しつないくうき) 실내공기

アレルギー 알레르기
遺伝子組(いでんしく)み換(か)え作物(さくもつ) 유전자조합작물
医療廃棄物(いりょうはいきぶつ) 의료폐기물
雨水利用(あまみずりよう) 빗물이용
エコバック/マイバック 친환경가방
汚水(おすい) 오수
温室効果(おんしつこうか)ガス 온실효과가스
海岸(かいがん)ゴミ 해양쓰레기
化学物質(かがくぶっしつ) 화학물질
火山(かざん) 화산
河川(かせん) 하천
花粉症(かふんしょう) 꽃가루병
環境危機(かんきょうきき) 환경위기
気候変動(きこうへんどう) 기후변동
下水道(げすいどう) 하수도
クールビズ 쿨비즈
公害防止(こうがいぼうし) 공해방지
降水量(こうすいりょう) 강수량
小型家電(こがたかでん) 소형가전
再生可能(さいせいかのう) 재생가능
産業廃棄物(さんぎょうはいきぶつ) 산업폐기물
自家発電(じかはつでん) 자가발전
シェールガス 셰일가스
資源(しげん)ごみ 재활용품
シックハウス 새집증후군
人口問題(じんこうもんだい) 인구문제

省エネ 절전(형)　　　　　　少子高齢化 저출산고령화
食品衛生 식품위생　　　　　　食品添加物 식품첨가물
森林破壊 삼림파괴　　　　　　森林浴 삼림욕
水質汚染 수질오염　　　　　　スローライフ 슬로라이프
生活習慣病 생활습관병　　　　生態系 생태계
世界文化遺産 세계문화유산　　石炭 석탄
節電 절전　　　　　　　　　　騒音 소음
粗大ゴミ 대형쓰레기　　　　　ソーラーハウス 태양열하우스
大気汚染 대기오염　　　　　　待機電力 대기전력
太陽電池 태양전지　　　　　　炭素税 탄소세
地域環境 지역환경　　　　　　地下水 지하수
地球温暖化 지구온난화　　　　津波 해일
低公害車 저공해차　　　　　　電磁波 전자파
天然ガス 천연가스　　　　　　天然記念物 천연기념물
動物保護 동물보호　　　　　　鳥インフルエンザ 조류인플루엔자
生ゴミ 음식물쓰레기　　　　　二酸化炭素 이산화탄소
熱帯林 열대림　　　　　　　　熱中症 열사병
燃料電池 연료전지　　　　　　廃棄物処理法 폐기물처리법
排出ガス 배출가스　　　　　　ハイブリッドカー 하이브리드 카
発泡スチロール 스티로폼　　　微生物 미생물
肥料 비료　　　　　　　　　　風力 풍력
不法投棄 불법투기
ペットボトルリサイクル 페트병리사이클
放射線 방사선　　　　　　　　水資源 수자원
夜間電力 야간전력
容器包装リサイクル法 용기포장 리사이클 법
渡り鳥 철새

실전문제

ここでは３つの問題について質問されます。それらについてあなたの意見を述べてください。発信音がなったら問題に答えてください。あなたの日本語能力を正しく判断できるよう、できるだけ具体的に意見を述べてください。発信音の後の応答時間は各問題につき50秒です。

では、始めます。

問題１．（30秒）発信音　　　　　　　　　　（50秒）　　　　　　　終わりです

応答_____

_____

_____

_____

問題２．（30秒）発信音　　　　　　　　　　（50秒）　　　　　　　終わりです

応答_____

_____

_____

_____

問題３．（30秒）発信音　　　　　　　　　　（50秒）　　　　　　　終わりです

応答_____

_____

_____

_____

응답의 예

問題1． 最近、ゴミの問題が深刻になっています。ゴミを減らすためにどうしたらいいですか。あなたの意見を話してください。

응답의 예 1　何かを購入すれば必ずごみが発生します。でも、何も購入しないなんていう生活はできません。品物を購入する際は、高くとも詰め替え品があるものを購入します。そしてゴミとして出すときも、分別をきちんとします。でも、なんといっても無駄なものは購入を控えることが大切だと思います。また節約が、ゴミを減らすことになるでしょう。

응답의 예 2　食材を使い切る努力をしています。例えば野菜の皮や葉など今までだったら捨ててしまうものも、干したり炒めたりしてなるべく食べ切るようにしています。焼き魚の皮も、皮と身の間にコラーゲンがあるものもあると聞いて、カリカリに焼いて食べるようにしています。夏場はとくに生ゴミの量を減らしたいので、購入の際の食材選びにも気を使います。ペットボトルや紙パック等リサイクル回収されるものは必ずごみとして捨てないように心がけています。また詰め替え用が販売されている石鹸・シャンプー等については詰め替え用のものを購入するようにしています。

Q　요즘, 쓰레기문제가 심각해졌습니다. 쓰레기를 줄이기 위해서 어떻게 하면 좋습니까? 당신의 의견을 말해 주세요.

1. 뭔가를 구입하면 반드시 쓰레기가 발생합니다. 하지만, 아무 것도 구입하지 않는 생활은 할 수 없습니다. 물건을 구입할 때는, 비싸더라도 리필용품이 있는 것을 구입합니다. 그리고 쓰레기로서 배출할 때도, 분리수거를 똑바로 합니다. 하지만, 뭐니뭐니해도 쓸데없는 것은 구입을 삼가는 것이 중요하다고 생각합니다. 또 절약이, 쓰레기를 줄이는 것이 되겠죠.
2. 식재료를 전부 사용하는 노력을 하고 있습니다. 예를 들면, 야채 껍질이나 잎 등 지금까지라면 버렸을 것도, 말리거나 볶거나 해서 가능한 한 전부 먹도록 하고 있습니다. 생선구이의 껍질도, 껍질과 살 사이에 콜라겐이 있는 것도 있다고 들어서, 바싹 구워서 먹도록 하고 있습니다. 여름철에는 특히, 음식쓰레기의 양을 줄이고 싶기 때문에 구입할 때의 식재료 선택에도 주의를 합니다. 페

트병이랑 종이팩 등 재활용 회수되는 것은, 반드시 쓰레기로서 버리지 않도록 명심하고 있습니다. 또 리필용품이 판매되고 있는 비누・샴푸 등에 대해서는 리필용품이 있는 것을 구입하도록 하고 있습니다.

단어설명

最近 최근 ゴミ 쓰레기 問題 문제 深刻 심각 減らす 줄이다 意見 의견 何か 뭔가 購入 구입 必ず 반드시 発生 발생 ~なんていう ~라고 하는 生活 생활 品物 물건 際 때 高くとも 비싸더라도 詰め替え品 리필용품 出す 배출하다 分別 분별, 분리 無駄だ 쓸데없다 控える 삼가다 大切だ 중요하다 節約 절약 食材 식재료 使い切る 전부 사용하다 努力 노력 例えば 예를 들면 野菜 야채 皮 껍질 葉 잎 今 지금 捨てる 버리다 干す 말리다 炒める 볶다 なるべく 가능한 한 食べ切る 전부 먹다 焼き魚 구운 생선 身 살, 몸 間 사이 聞く 듣다 カリカリ 파삭파삭 焼く 굽다 夏場 여름철 とくに 특히 生ゴミ 음식쓰레기 量 양 選び 선택 気を使う 신경을 쓰다 紙パック 종이가방 等 등 リサイクル 재활용 回収 회수 心がける 명심하다 販売 판매 石鹸 비누

問題2. ペットを飼っている人が多いでしょう。でも、このかわいいペットを虐待したり捨ててしまったりする人もいるのが現状です。どうすれば人間と動物が一緒に暮らせるようになるでしょうか。あなたの考えを述べてください。

응답의 예 1　　人間が動物に何を求めるのか、また彼らからどのような恩恵を受けることができるのかを理解するためには、まず、人と動物全般の基本的な関係を念頭に置くことが必要です。ペットであろうと、セラピー犬であろうと、その動物が自らの置かれた状況に不安、不満、恐怖などのマイナス感情を抱いていれば、それは共にいる人間の精神状態も悪くなるでしょう。ですから、何事も動物の立場から考えると、人間と動物は共存できると思います。

응답의 예 2　　動物は、言葉がしゃべれず行動も制限されており、自分で出来ることは限られます。健康な生活を送れるよう、環境を整えてやれるのは人間だけです。動物を虐待したり、捨てたりするような事があってはなりません。動物が人間社会の中で生きていくには、人々が法律を守ることはもとより、その動物が他人に迷惑を掛け

ないよう、飼い主が責任を持って面倒をみなければなりません。自分にはかわいいペットであっても人にはそうじゃない場合もけっこうありますから、他人のことを考えた上でペットを飼ったほうがいいでしょう。

Q   애완동물을 기르고 있는 사람이 많죠. 하지만, 이 귀여운 애완동물을 학대하거나 버려버리거나 하는 사람도 있는 것이 현 상황입니다. 어떻게 하면 인간과 동물이 함께 생활할 수 있게 될까요? 당신의 생각을 말해 주세요.

1. 인간이 동물에 무엇을 요구할 것인가, 또 그들로부터 어떠한 은혜를 입을 수가 있는가를 이해하기 위해서는, 우선 사람과 동물 전반의 기본적인 관계를 염두에 두는 것이 필요합니다. 애완동물이든, 환자치료 용 개이든, 그 동물이 스스로가 놓여진 상황에 불안, 불만, 공포 등의 안 좋은 감정을 품고 있으면, 그것은 함께 있는 인간의 정신상태도 나빠지겠죠. 그렇기 때문에, 무슨 일이든 동물의 입장에서 생각하면, 안간과 동물은 공존할 수 있을 거라고 생각합니다.
2. 동물은 말을 못하고 행동도 제한되어 있어서, 스스로 할 수 있는 일은 한정됩니다. 건강한 생활을 보낼 수 있도록, 환경을 정비해 줄 수 있는 것은 인간뿐입니다. 동물을 학대하거나 버리거나 하는 듯한 일이 있어서는 안 됩니다. 동물이 인간사회 속에서 살아가려면 사람들이 법률을 지키는 것은 물론, 그 동물이 다른 사람에게 폐를 끼치지 않도록, 주인이 책임을 가지고 보살피지 않으면 안 됩니다. 자기에게는 귀여운 애완동물이라도 다른 사람에게는 그렇지 않은 경우도 상당히 있으니까, 타인을 생각하고 나서 애완동물을 기르는 편이 좋겠죠.

단어설명

ペット 애완동물　飼（か）う 기르다　多（おお）い 많다　動物（どうぶつ） 동물　かわいい 귀엽다　虐待（ぎゃくたい） 학대　捨（す）てる 버리다　現状（げんじょう） 현 상황　人間（にんげん） 인간　一緒（いっしょ）に 함께　暮（く）らす 생활하다　考（かんが）え 생각　述（の）べる 말하다　求（もと）める 구하다　恩恵（おんけい） 은혜　受（う）ける 입다　理解（りかい） 이해　全般（ぜんぱん） 전반　基本的（きほんてき） 기본적　関係（かんけい） 관계　念頭（ねんとう） 염두　置（お）く 두다　必要（ひつよう） 필요　~であろうと~であろうと ~든~든　セラピー犬（けん） 환자치료용 개　自（みずか）ら 스스로　状況（じょうきょう） 상황　不安（ふあん） 불안　不満（ふまん） 불만　恐怖（きょうふ） 공포　感情（かんじょう） 감정　抱（だ）く・抱（いだ）く 안다, 품다　共（とも）に 함께　精神（せいしん） 정신　状態（じょうたい） 상태　悪（わる）い 나쁘다　何事（なにごと） 무슨 일, 모든 일　立場（たちば） 입장　共存（きょうぞん） 공존　言葉（ことば） 말　しゃべる 말하다　行動（こうどう） 행동　制限（せいげん） 제한　自分（じぶん）で 스스로　出来（でき）る 할 수 있다　限（かぎ）る 한정하다　健康（けんこう）

건강	生活 생활	送る 보내다	環境 환경	整える 정비하다	社会 사회	生きる 살다
法律 법률	守る 지키다	~はもとより ~은 물론	他人 타인	迷惑を掛ける 폐를 끼치다		
飼い主 동물의 주인	責任 책임	面倒をみる 보살피다	場合 경우	けっこう 상당히	~上で ~하고 나서	

問題３． 人間は、生産活動や消費活動の結果、さまざまな排出物や廃棄物を生み出しています。それで大気汚染の問題が深刻になっています。これを防ぐためにどうしたらいいですか。あなたの考えを話してください。

응답의 예 1　　大気汚染が進んでしまうと、動物や植物に健康被害を与えますし、地球温暖化を促進するなどの地球問題に発展します。このような環境変化は人間が作り出したものなので、私たち人間が一人一人意識して生活を改善することによって解決することができる問題でもあります。最近ではディーゼル車の規制などが行われましたね。このようにみんなが一致団結して協力していくことで、日常生活から大気汚染を改善することができるのではないでしょうか。

응답의 예 2　　まずは身近なところから省エネを心がけてみるのがいいと思います。例えば自分が部屋を出る時には電気を消してから出るとか、そういった小さなことの積み重ねが省エネになります。次に考えたいのが「待機電力」です。例えばテレビの電源をリモコンで切るのではなく、主電源から切るようにするだけで待機電力を減らすことができます。一つ一つは小さなことでも、みんなでやれば大きな力になります。身近なところから取り組んでみましょう。

Q　인간은, 생활활동이나 소비활동의 결과, 다양한 배출물이나 폐기물을 만들어내고 있습니다. 그래서 대기오염의 문제가 심각해졌습니다. 이것을 막기 위해서 어떻게 하면 좋습니까? 당신의 생각을 말해 주세요.

1. 대기오염이 진행되면, 동물이나 식물에 건강피해를 주고, 지구온난화를 촉진하는 등의 지구문제로 발전합니다. 이러한 환경변화는 인간이 만들어내는 것이기 때문에, 우리들 인간이 한 명 한 명 의식해서 생활을 개선하는 것에 의해서 해결할 수 있는 문제이기도 합니다. 최근에는 디젤차의 규제 등이 행해졌지요.

이처럼, 모두가 일치단결해서 협력해 가는 것으로 일상생활에서 대기오염을 개선할 수 있는 것이 아닐까요?

2. 우선은 가까운 곳에서 에너지 절약을 명심해 보는 것이 좋다고 생각합니다. 예를 들면, 자신이 방에서 나올 때에는 전기를 끄고 나서 나온다던가, 그러한 작은 것의 축적이 에너지를 절약하는 것이 됩니다. 다음으로 생각하고 싶은 것이 「대기전력」입니다. 예를 들면 텔레비전의 전원을 리모컨으로 끄는 것이 아니고, 주 전원에서 끄도록 하는 것 만으로 대기전력을 줄일 수가 있습니다. 하나 하나의 일은 작더라도, 다같이 하면 큰 힘이 됩니다. 가까운 곳부터 연구해 봅시다.

단어설명

人間 인간　生産 생산　活動 활동　消費 소비　結果 결과　さまざまな 다양한　排出物 배출물　廃棄物 폐기물　生み出す 낳다, 새로 만들어내다　大気 대기　汚染 오염　問題 문제　深刻 심각　防ぐ 막다　進む 진행되다　動物 동물　植物 식물　健康 건강　被害 피해　与える 주다　地球 지구　温暖化 온난화　促進 촉진　発展 발전　環境 환경　変化 변화　作り出す 만들어내다　意識 의식　改善 개선　解決 해결　最近 최근　ディーゼル車 디젤차　規制 규제　行う 행하다　一致団結 일치단결　協力 협력　日常 일상　まずは 우선은　身近 가까운 곳, 신변　省エネ 절전(형)　心がける 명심하다　例えば 예를 들면　部屋 방　出る 나오다　電気 전기　消す 끄다　小さなこと 작은 일　積み重ね 축적　次 다음　考える 생각하다　待機 대기　電力 전력　電源 전원　切る 끄다　主電源 주 전원　減らす 줄이다　力 힘　取り組む 몰두하다, 연구하다

4. 교육과 취업

필수 어휘 및 표현

育児休業 육아휴업
一流大学 일류대학
英才教育 영재교육
応募資格 응모자격
思いやり 배려
外国語教育 외국어교육
外来語 외래어
科学技術 과학기술
画一教育 획일적교육
格差 격차
学力低下 학력저하
課題研究 과제연구
学科変更 학과변경
家庭教育 가정교육
基礎体力づくり 기초체력만들기
休憩時間 휴식시간
教員研修 교원연수
勤務条件 근무조건
掲示板 게시판
研究生 연구생
公開授業 공개수업
子育て 양육
最小限 최소한
採用試験 채용시험
資格取得 자격취득
自己抑制 자기억제
実技講座 실기강좌

意識改革 의식개혁
運営委員会 운영위원회
遠足 소풍
おちこぼれ生徒 열등생
親子関係 부모자식관계
改訂 개정
課外活動 과외활동
学位授与 학위수여
学業成績 학업성적
学習意欲 학습의욕
学歴社会 학력사회
学会 학회
学校法人 학교법인
家庭内暴力 가정 내 폭력
義務教育 의무교육
教育委員 교육위원
教科書検定 교과서검정
クラス替え 반 바꾸기
欠席届 결석신고서
言語活動 언어활동
国際競争力 국제경쟁력
コンピュータの普及 컴퓨터의 보급
再入学 재입학
参観日 참관일
試験監督 시험감독
史跡めぐり 사적순회
指導教員 지도교원

児童相談所 아동상담소
社会規範 사회규범
修学旅行 수학여행
修士課程 석사과정
塾 기숙사
生涯学習 평생교육
情報化社会 정보화사회
所得税 소득세
人格形成 인격형성
人権教育 인권교육
推薦状 추천장
生徒指導室 학생지도실
専門学校 전문학교
卒業記念アルバム 졸업기념앨범
単位認定 학점인정
長期欠席 장기결석
定期券 정기권
転校生 전학생
図書委員 도서위원
年次休暇 연차휴가
廃校 폐교
一人親家庭 한 부모 가정
部活動 서클활동
不登校 미등교
防災訓練 방재훈련
放送大学 방송대학
無断欠席 무단결석
模擬試験 모의시험
文部科学省 문부과학성
幼児教育 유아교육

諮問機関 자문기관
就学率 취학률
週休二日制 주 5일제
就職現況 취직현황
受験競争 수험경쟁
奨学金 장학금
職場体験 직장체험
初任者 초임자
進学指導 진학지도
人材育成 인재육성
青少年非行 청소년비행
セクハラ(性的嫌がらせ) 성희롱
相対評価 상대평가
大学入試センター 대학입시센터
男女共学 남녀공학
通信制高校 통신제 고등학교
定年 정년
特別活動 특별활동
入学願書 입학원서
年齢制限 연령제한
非常口 비상구
表現力 표현력
服装規定 복장규정
編入学 편입학
奉仕活動 봉사활동
補助教材 보조교재
面接 면접
問題行動 문제행동
野外活動 야외활동
予備校 재수학원

실전문제

ここでは３つの問題について質問されます。それらについてあなたの意見を述べてください。発信音がなったら問題に答えてください。あなたの日本語能力を正しく判断できるよう、できるだけ具体的に意見を述べてください。発信音の後の応答時間は各問題につき50秒です。
では、始めます。

問題１．（30秒）発信音　　　　　　　　（50秒）　　　　　　終わりです

応答_____

_____

_____

_____

問題２．（30秒）発信音　　　　　　　　（50秒）　　　　　　終わりです

応答_____

_____

_____

_____

問題３．（30秒）発信音　　　　　　　　（50秒）　　　　　　終わりです

応答_____

_____

_____

_____

응답의 예

問題1. 親が自分の子供を虐待する事件が、ニュースで問題になっています。このような児童虐待を減らすために必要なこととは何ですか。あなたの考えを話してください。

응답의 예 1　虐待問題は子ども目線で語られますが、私は親自身の救済が必要だと思っています。ただ児童虐待を減らすためには私はカウンセリングの普及ではないかと思っています。心理カウンセリングを学べば学ぶほどに子ども達の虐待によるトラウマは私たちの常識を遥かに超えるものになるそうです。児童虐待は決して許されるものではありません。ただ虐待をする親を攻める事のみでは決してこの難題が解決できるほど、この問題は簡単ではないのです。必ず、近くの病院に行ってカウンセリングを受けたほうがいいと思います。

응답의 예 2　育児のストレスが児童虐待の一番の原因だといわれています。育児のストレスを抱えている方と話をすると、ストレスの発散のため、子供を虐待すると言います。しかし、子供のためにと思うのであれば、お母さん自身が元気であることが大切です。地域や病院では、育児ストレスのお母さんのための様々な取り組みを行っています。勇気を出して、助けてと大声で言ってみましょう。自分にあった支援者を探すこともストレスを溜めない秘訣かもしれません。

Q　부모가 자신의 자식을 학대하는 사건이, 뉴스에서 문제가 되고 있습니다. 이러한 아동학대를 줄이기 위해서 필요한 것이라고 하는 것은 무엇입니까? 당신의 생각을 말해 주세요.

1. 학대문제는 아이의 시선으로 말할 수 있습니다만, 저는 부모자신의 구제가 필요하다고 생각하고 있습니다. 다만 아동학대를 줄이기 위해서는 저는 카운셀링을 보급해야 한다고 생각하고 있습니다. 심리카운셀링을 배우면 배울수록 아이들의 학대에 의한 트라우마는 우리들의 상식을 훨씬 넘는 것이 된다고 합니다. 아동학대는 결코 용서받을 수 있는 것은 아닙니다. 단지 학대를 하는 부모를 책망하는 것만으로는 결코 이 어려운 문제가 해결될 만큼, 이 문제는 간단하지

않습니다. 반드시 가까운 병원에 가서 카운셀링을 받는 편이 좋다고 생각합니다.

2. 육아스트레스가 아동학대의 가장 큰 원인이라고 일컬어지고 있습니다. 육아스트레스를 안고 있는 분과 이야기를 하면, 스트레스의 발산을 위해, 아이를 학대한다고 합니다. 그러나, 아이를 위해서 라고 생각한다면, 어머니 자신이 건강한 것이 중요합니다. 지역이랑 병원에서는, 육아스트레스를 가지고 있는 어머니를 위해서 다양한 조치를 행하고 있습니다. 용기를 내어서 도와달라고 큰 소리로 말해 봅시다. 자신에게 맞는 지원자를 찾는 것도 스트레스를 쌓지 않는 비결일지도 모릅니다.

단어설명

親 부모　子供 아이　虐待 학대　事件 사건　問題 문제　児童 아동　減らす 줄이다　必要 필요　目線 시선　語る 말하다　親自身 부모자신　救済 구제　ただ 다만　普及 보급　心理 심리　学ぶ 배우다　~ば~ほど ~면~수록　常識 상식　遥かに 훨씬　超える 넘다　決して 결코　許す 용서하다, 허락하다　攻める 공격하다, 책망하다　のみ 만, 뿐　難題 난제　解決 해결　簡単 간단　必ず 반드시　近く 근처　病院 병원　受ける 받다　育児 육아　一番 가장　原因 원인　抱える 안다　方 분　話 이야기　発散 발산　お母さん 어머니　元気だ 건강하다　大切だ 중요하다　地域 지역　様々な 다양한　取り組み 연구, 조치　行う 행하다　勇気 용기　出す 내다　助ける 돕다　大声 큰 목소리　あう 맞다　支援者 지원자　探す 찾다　溜める 쌓다　秘訣 비결　~かもしれない ~일지도 모른다

問題２．職場でのセクハラいわゆる性的嫌がらせの被害にあう人が急激に増えています。このようなことを防止するために、何をすれば効果的ですか。

응답의 예 1　　自分で解決しようとするのではなく、速やかに会社の相談窓口担当者や信頼できる上司に相談し、会社としての対応を求めるようにしましょう。取引先や顧客などからセクハラの被害にあった場合も、自分の勤める会社に相談してください。労働組合がある場合は、労働組合に相談する方法もあります。会社で対応してもらえない場合や社外で相談したいときは、自治体で運営している施設にご相談ください。専門の相談員が相談に応じ、問題解決のお手伝いをしてくれます。

응답의 예 2　女性社員がセクハラ行為に対してとるべき対応の第一は、まず相手に対してはっきりと「いやです」という意思表示を示すことです。被害が軽いからといって我慢すれば、相手の次の行動は確実にエスカレートします。被害者は初期の軽い程度のうちに嫌だという意思表示をすることによって、後々セクハラがエスカレートするのを防ぐことができるのです。もし自分で言いにくければ、誰か頼れる人に相談して、加害者を説得してもらうのも良い方法でしょう。

Q　직장에서의 성희롱, 이른바 성적모욕의 피해를 당하는 사람이 급격하게 늘고 있습니다. 이러한 것을 방지하기 위해서, 무엇을 하면 효과적입니까?

1. 스스로 해결하려고 하지 말고, 재빨리 회사의 상담창구 담당자랑 신뢰할 수 있는 상사에게 상담하여, 회사로서의 대응을 구하도록 합시다. 거래처랑 고객 등으로부터 성희롱의 피해를 입었을 경우도, 자신이 근무하는 회사에 상담해 주세요, 노동조합이 있는 경우는, 노동조합에 상담하는 방법도 있습니다. 회사에서 대응을 받을 수 없을 경우나 사외에서 상담하고 싶을 때는, 자치단체에서 운영하고 있는 시설에 상담해 주세요. 전문적인 상담원이 상담에 응하고, 문제해결의 도움을 줄 것입니다.
2. 여성사원이 성희롱행위에 대해서 취해야만 하는 대응의 첫 번째는, 우선 상대방에 대해서 분명히 「싫습니다」라는 의사표시를 나타내는 것입니다. 피해가 가볍다고 해서 참으면, 상대방의 다음의 행동은 확실히 (성희롱이) 심해집니다. 피해자는 초기의 가벼운 정도 때 싫다라는 의사표시를 하는 것에 의해서, 나중에 성희롱의 정도가 심해지는 것을 막을 수가 있는 것입니다. 만일 스스로 말하기 어려우면, 누군가 의지할 수 있는 사람에게 상담하고, 가해자를 설득해 받는 것도 좋은 방법이겠죠.

단어설명
職場 직장　セクハラ 성희롱　いわゆる 이른바　性的嫌がらせ 성적모욕　被害 피해
あう 당하다　急激 급격　増える 증가하다　防止 방지　効果的 효과적　自分で 스스로　解決 해결　速やかに 재빨리　会社 회사　相談 상담　窓口 창구　担当者 담당자
信頼 신뢰　上司 상사　対応 대응　求める 구하다　取引先 거래처　顧客 고객　場合 경우　勤める 근무하다　労働組合 노동조합　方法 방법　社外 사외　自治体 자치단체

運営 운영　施設 시설　専門 전문　相談員 상담원　応じる 응하다　問題 문제　手伝う 돕다　女性 여성　社員 사원　行為 행위　~に対して ~에 대해서　第一 첫 번째　まず 우선　意思 의사　表示 표시　示す 나타내다　軽い 가볍다　~からといって ~라고 해서　我慢 참음　次 다음　行動 행동　確実 확실　エスカレートする 올라가다　被害者 피해자　初期 초기　程度 정도　~うちに ~동안에　嫌だ 싫다　~によって ~에 의해서　後々 나중에　동사ます형+にくい ~하기 어렵다　誰か 누군가　頼る 의지하다　加害者 가해자　説得 설득　良い 좋다

問題3. 就職のために、大学に行った方がいいと言われていますが、この意見にあなたは同意しますか。理由を挙げながらあなたの意見を述べてください。

응답의 예 1　はい、同意します。大学を卒業すれば、とてつもなく広い範囲で就職が可能になります。理系を選ぼうが文系を選ぼうが高校や中学を卒業したよりも勉強する範囲が広くなるので、自然と自分にあった仕事を見つけやすくなります。何よりも4年間という時間は、自分を磨くのには十分すぎる時間です。その間に何か特技を身につけたり、その後の人生で活かせるスキルを学んだりする時間が確保できます。自分にはやりたいことがない、生きがいが見いだせないという人は大学に行くことをおすすめします。そこから具体的な就職先を見つけ、いきいきと毎日を過ごせます。

응답의 예 2　必ずしも大学に行く必要はないと思います。大学を卒業したにもかかわらず、能力のない人もけっこういます。大学で遊んでばかりいれば、単位も落とすし、留年をしてさらに就職の時期が遅れることもあります。留年は就職にも少なからず影響を与えるので思ったような企業に内定をもらうのが難しくなります。会社側からしても、能力が同じであれば若い方を採用したほうが長く働いてくれるし、飲み込みも早いぶん利益になります。そうなってくると、高卒の人と生涯賃金はあまり差がなくなってきます。

Q　취직을 위해서, 대학에 가는 편이 좋다고 일컬어지고 있습니다만, 이 의견에 당신은 동의합니까? 이유를 들면서 당신의 의견을 말해 주세요.

1. 예, 동의합니다. 대학을 졸업하면, 엄청 넓은 범위에서 취직이 가능하게 됩니

다. 이과계열을 선택하던 문과계열을 선택하던, 고등학교랑 중학교를 졸업한 것보다도 공부하는 범위가 넓어지기 때문에, 자연스럽게 자신에게 맞는 직업을 찾기 쉬워집니다. 무엇보다도 4년 간이라는 시간은, 자신을 연마하는데 아주 충분한 시간입니다. 그 사이에, 뭔가 특기를 익히거나, 그 후의 인생에서 활용할 수 있는 스킬을 배우거나 하는 시간을 확보할 수 있습니다. 자신에게는 하고 싶은 일이 없다, 사는 보람을 찾을 수 없다는 사람은 대학에 가는 것을 추천합니다. 거기서 구체적으로 취직할 곳을 찾고, 생동감 있는 하루 하루를 보낼 수 있습니다.

2. 반드시 대학에 갈 필요는 없다고 생각합니다. 대학을 졸업했음에도 불구하고, 능력이 없는 사람도 상당히 있습니다. 대학에서 놀기만 하면, 학점도 떨어지고, 유급을 당하여, 더 나아가 취직하는 시기가 늦는 경우도 있습니다. 유급은 취직에도 적지 않게 영향을 주기 때문에, 생각했던 기업에 내정을 받는 것이 어려워집니다. 회사 측에서도, 능력이 같다면 젊은 분을 채용하는 편이 오랫동안 일을 해 주고, (업무에 대한) 이해가 시기적으로 빠른 만큼 이익이 됩니다. 그렇게 되면, 고졸인 사람과 평생 받는 임금은 별로 차이가 없게 됩니다.

단어설명

就職 취직　大学 대학　意見 의견　同意 동의　理由 이유　挙げる 예를 들다　述べる 말하다　卒業 졸업　とてつもない 엄청나다, 터무니없다　広い 넓다　範囲 범위　可能 가능　理系 이과계열　選ぶ 선택하다　동사의지형+が ~하던　文系 문과계열　高校 고등학교　中学 중학교　勉強 공부　自然と 자연스럽게　仕事 일, 직업　見つける 찾다　何よりも 무엇보다도　~年間 ~년 간　磨く 연마하다　十分 충분　その間 그 사이　特技 특기　身につける 익히다　その後 그 후　人生 인생　活かす 살리다　スキル 스킬, 요령　学ぶ 배우다　確保 확보　生きがい 사는 보람　見いだす 발견하다　すすめる 권유하다　具体的 구체적　就職先 취직할 곳　いきいきと 활달한 모양　毎日 매일　過ごす 보내다　必ずしも 반드시　必要 필요　~にもかかわらず ~에도 불구하고　能力 능력　けっこう 상당히　遊ぶ 놀다　~て(で)ばかりいる ~하기만 하다　単位 학점　落とす 떨어지다　留年 유급　さらに 더 한층　時期 시기　遅れる 늦다　少なからず 적지 않게　影響 영향　与える 주다　企業 기업　内定 내정　難しい 어렵다　会社側 회사측　~からしても ~부터도　同じ 같음　若い 젊다　方 분　採用 채용　長い 길다　働く 일하다　飲み込み 이해　早い 빠르다　~ぶん ~만큼　利益 이익　高卒 고졸　生涯 평생　賃金 임금　あまり 별로　差 차이

5. 비즈니스

필수 어휘 및 표현

アウトソーシング 아웃소싱	アナログ 아날로그
安心メール 안심메일	インターネットカフェ PC방
インターネット放送 인터넷방송	インフレ 인플레이션
インボイス 송장	位置情報サービス 위치정보서비스
ウイルス 바이러스	円安 엔저
円高 엔고	オンラインショップ 온라인숍
黄金株 황금주	仮想口座 가상구좌(계좌)
完全失業率 완전실업률	改正 개정
格安 가격파괴	環境ホルモン 환경호르몬
キャリア 커리어, 경력	企業再生 기업재생
機能性化粧品 기능성화장품	金融政策 금융정책
共感 공감	経営戦略 경영전략
経営収支 경영수지	携帯電話 휴대전화
現実的 현실적	コミュニケーション 커뮤니케이션
コンテンツ 컨텐츠	個人情報 개인정보
効率性 효율성	固定資産 고정자산
顧客 고객	サイバーテロ 사이버테러
サイバー犯罪 사이버범죄	先物取引 선물거래
在庫回転率 재고회전율	裁判員制度 배심원제도
財務関係 재무관계	自己資本比率 자기자본비율
次世代 차세대	シナジー 시너지
従業員 종업원	証券 증권
新型 신형	人工知能 인공지능
人材派遣 인재파견	心理学 심리학
ストック・オプション 스톡옵션	ストレス 스트레스
成果主義 성과주의	潜在成長率 잠재성장률
接客 접객	設備投資 설비투자

ソリューション 솔루션, 해결책
対人関係(たいじんかんけい) 대인관계
著作権(ちょさくけん) 저작권
電子(でんし)チケット 전자티켓
電子決済(でんしけっさい) 전자결제
内部監査(ないぶかんさ) 내부감사
ネットカフェ難民(なんみん) 인터넷카페난민
ファイル形式(けいしき) 파일형식
物流(ぶつりゅう) 물류
プロバイダー 인터넷 공급자
ホスティングサービス 호스팅서비스
マイナス金利(きんり) 마이너스금리
モバイル放送(ほうそう) 모바일방송
モラルハザード 모럴헤저드, 도덕적해이
有給休暇(ゆうきゅうきゅうか) 유급휴가
労働生産性(ろうどうせいさんせい) 노동생산성

ソーシャルメディア 소셜미디어
中小企業(ちゅうしょうきぎょう) 중소기업
デジタル 디지털
電子(でんし)ブック 전자책
ドメイン 도메인
ニッチ 틈새시장
バナー広告(こうこく) 배너광고
不快感(ふかいかん) 불쾌감
ブログマーケティング 블로그마케팅
踏(ふ)み台(だい) 발판
ホームネットワーク 홈네트워크
メールマガジン 메일메거진

ロールモデル 롤모델

실전문제

ここでは3つの問題について質問されます。それらについてあなたの意見を述べてください。発信音がなったら問題に答えてください。あなたの日本語能力を正しく判断できるよう、できるだけ具体的に意見を述べてください。発信音の後の応答時間は各問題につき50秒です。

では、始めます。

問題1．（30秒）発信音　　　　　　　　　(50秒)　　　　　　　終わりです

応答_____

_____

_____

_____

問題2．（30秒）発信音　　　　　　　　　(50秒)　　　　　　　終わりです

応答_____

_____

_____

_____

問題3．（30秒）発信音　　　　　　　　　(50秒)　　　　　　　終わりです

応答_____

_____

_____

_____

응답의 예

問題１．最近の企業は、製品の宣伝のため、ウェブ上でいろんなマーケティングをしています。でも、正しい商品の情報を与えるのではなく、ただ、宣伝だけに気を使っているようです。消費者として、正しい商品選びをするために、何に気をつけなければなりませんか。

응답의 예 1　まず最初に、その商品が本当に自分に必要なものなのかを考えるべきでしょう。今すぐ使わないのに「欲しい！」と思ってそのままに購入してしまう衝動買いは、お金ももったいないし、何より急な出費によって生活が苦しくなる恐れもあります。また商品の見た目だけで判断してショッピングしてしまうと、その商品についての正しい使い方が分からなくなりますので注意する必要があるでしょう。

응답의 예 2　ブログが企業マーケティングのツールであることは広く知られています。しかしブログを企業のマーケティングや商品販売の促進のためならまだしも、もっぱら商品の売上を伸ばすためならだめでしょう。消費者は商品の正しい情報を知るためにブログを検索しているのに、企業側が自社の社員やバイトを使って正しくない商品の情報を載せるのは犯罪と言えるでしょう。ですから、ある商品を買おうと思っている消費者は、その商品を自分の目で見て買ったほうが何よりですが、それができない、すなわち通販を利用する時でも、きちんと買おうと思っている商品についてよく調べたほうがいいと思います。

Q　최근의 기업은, 제품의 선전을 위해서, 웹 상에서 여러 가지 마케팅을 하고 있습니다. 하지만, 상품의 바른 정보를 주는 것이 아니고, 단지, 선전에만 신경을 쓰고 있는 같습니다. 소비자로서, 상품의 바른 선택을 하기 위해서, 무엇을 주의해야만 합니까?

1. 우선 제일 먼저, 그 상품이 정말로 자신에게 필요한 것인가를 생각해야만 하겠죠. 지금 바로 사용하지 않음에도 「갖고 싶다!」라고 생각해서 그대로 구입해 버리는 충동구매는, 돈도 아깝고, 무엇보다 갑작스러운 지출에 의해서 생활이 힘들어질 우려도 있습니다. 또 상품의 외관만으로 판단해서 쇼핑을 해버

리면, 그 상품에 대한 바른 사용방법을 모르게 되기 때문에 주의할 필요가 있겠죠.

2. 블로그가 기업마케팅의 도구인 것은 넓게 알려져 있습니다. 그러나 블로그를 기업의 마케팅이랑 상품판매의 촉진을 위해서라면 또 모르되, 오로지 상품의 매상을 올리기 위해서라면 안 되겠죠. 소비자는 상품의 바른 정보를 알기 위해서 블로그를 검색하고 있는데, 기업측이 자사의 사원이나 아르바이트를 사용해서 바르지 않은 상품의 정보를 싣는 것은 범죄라고 할 수 있겠죠. 그렇기 때문에 어떤 상품을 사려고 생각하고 있는 소비자는, 그 상품을 자신의 눈으로 보고 사는 편이 가장 좋습니다만, 그것이 불가능하다, 즉 통신판매를 이용할 때라도, 제대로 사려고 생각하고 있는 상품에 대해서 잘 살펴보는 편이 좋다고 생각합니다.

단어설명

最近 최근 企業 기업 製品 제품 宣伝 선전 マーケティング 마케팅 正しい 바르다 商品 상품 情報 정보 与える 주다 ただ 단지 気を使う 신경을 쓰다 消費者 소비자 選び 선택 気をつける 주의하다 まず最初に 우선 제일 먼저 本当に 정말로 必要 필요 考える 생각하다 今すぐ 지금 바로 使う 사용하다 欲しい 원하다 そのままに 그대로 購入 구입 衝動買い 충동구매 お金 돈 もったいない 아깝다 急な 갑작스러운 出費 지출 生活 생활 苦しい 괴롭다, 어렵다 恐れ 우려 見た目 외관 判断 판단 使い方 사용방법 分かる 알다 注意 주의 ツール 도구 広い 넓다 知られる 알려지다 販売 판매 促進 촉진 ~ならまだしも ~라면 또 모르되 もっぱら 오로지 売上 매상 伸ばす 늘리다 知る 알다 検索 검색 自社 자사 社員 사원 載せる 싣다 犯罪 범죄 買う 사다 すなわち 즉 通販 통신판매 利用 이용 きちんと 제대로 調べる 조사하다

問題２. 企業では、ビジネス接待をとても大事に思っています。企業における接待での注意点と守るべきマナーについて、あなたの考えを述べてください。

응답의 예 1   ビジネスシーンでは、取引先をもてなす接待に参加する場合があります。新入社員は、接待のセッティングを命じられる事もあると思います。接待は、仕事を円滑に進めるために、コミュニケーションを図る場でもありますので、お決まりのパターンで終わらせるのではなく、取引先に喜んでもらえる工夫を考えてみる事を

お奨めします。また、接待を自己判断で行ってはいけません。接待を行う際は、必ず上司に報告しておく必要があります。

응답의 예 2　　ビジネスの世界と言えば、大企業をイメージしてしまいますが、どんな仕事であっても取引先との接待は仕事の取引をスムーズにしたり人と人との人間関係が円滑になる等の大きな意味合いを持っています。接待をする側は、接待に使う店に一度は足を運び店内の雰囲気とか、お店の場所を覚えておけば当日迷う事もなく、また先方から場所を確認された場合に困らないで済みますね。でも、何よりも大事なことは、接待する側の真心だと思います。相手側を感動させるのは、料理の味や値段、雰囲気ではなく、こちらの真心ではないでしょうか。

Q　기업에서는, 비즈니스접대를 매우 중요하게 생각하고 있습니다. 기업에서 접대를 할 때의 주의점과 지켜야만 하는 매너에 대해서, 당신의 생각을 말해 주세요.

1. 비즈니스를 하는 장면에서는 거래처를 대접하는 접대에 참가하는 경우가 있습니다. 신입사원은, 접대의 셋팅을 명령 받는 일도 있다고 생각합니다. 접대는, 일을 원활하게 진행하기 위해서, 커뮤니케이션을 도모하는 장소이기도 하기 때문에, 으레 정해진 패턴으로 끝내는 것이 아니고, 거래처에게 기쁨을 줄 수 있는 아이디어를 생각해 보는 것을 추천합니다. 또, 접대를 자기판단으로 행해서는 안 됩니다. 접대를 행할 때는, 반드시 상사에게 보고해 둘 필요가 있습니다.

2. 비즈니스의 세계라고 하면, 대기업을 이미지해 버립니다만, 어떤 일이라도 거래처와의 접대는 일의 거래를 부드럽게 하거나, 사람과 사람 사이의 인간관계가 원활하게 되는 등의 큰 이유를 가지고 있습니다. 접대를 하는 측은, 접대에 사용하는 가게에 한 번은 가서, 가게 안의 분위기라던가 가게가 있는 장소를 기억해 두면, 당일 헤매는 일도 없고, 또 상대방으로부터 장소의 확인을 요구받았을 경우에 곤란하지 않게 됩니다. 하지만, 무엇보다도 중요한 것은, 접대하는 측의 진심이라고 생각합니다. 상대방을 감동시키는 것은, 요리의 맛이나 가격, 분위기가 아니고, 이쪽의 진심이 아닐까요?

단어설명
企業 기업　接待 접대　大事だ 중요하다　~における ~에서의　注意点 주의점　守る 지키다　考え 생각　述べる 말하다　シーン 장면　取引先 거래처　もてなす 대접하다　参加 참가　場合 경우　新入社員 신입사원　セッティング 셋팅　命じる 명령하다　仕

事 일 円滑 원활 進める 진행하다 図る 도모하다 場 장소 お決まり 정해짐 パターン 패턴 終わる 끝나다 喜ぶ 기뻐하다 工夫 아이디어 奨める 추천하다 自己判断 자기판단 行う 행하다 際 때 必ず 반드시 上司 상사 報告 보고 必要 필요 世界 세계 大企業 대기업 イメージ 이미지 スムーズに 부드럽게 人間関係 인간관계 等 등 意味合い 이유, 사정 持つ 가지다 側 측 使う 사용하다 店 가게 一度 한 번 足を運ぶ 이동하다, 가다 店内 가게 안 雰囲気 분위기 場所 장소 覚える 기억하다 当日 당일 迷う 망설이다, 헤매다 先方 상대방 確認 확인 困る 곤란하다 ~ないで済む ~하지 않고 해결되다 真心 진심 相手側 상대측 感動 감동 料理 요리 味 맛 値段 가격

問題3. 若者の就職率が深刻な問題になっている中で、ネットショップが人気があるようです。このネットショップを始めようと思っていると、何に気をつけて経営するべきですか。

응답의 예 1	ネットショップ開業を考えている時点で既に取り扱う商品は決めているものと思います。自社で開発したものか他社から仕入れたものかの違いがあるでしょう。その商品の市場がどこにあるのか、それとももしかしたらどこにもないのかという点について一度考えてみた方が良いです。それを考えずに開業してしまったらお金をドブに捨ててしまいます。また、販売しようと思っている商品のターゲット、つまり消費者が誰かをしぼってネットショップを開業したほうがいいでしょう。
응답의 예 2	いくら良い商品と、すばらしいウェブサイトであっても、消費者に知られてないと意味がないでしょう。だからウェブサイトでユーザーとのコミュニティを形成しなければなりません。熱心な読者を獲得し、サイトのテーマに関する情報源を作成するうえで役立ちます。たとえば、掲示板、ユーザーレビュー、ブログなどを掲載すると、ユーザーに価値ある独自のコンテンツを提供できます。そして常に最新で関連性の高いコンテンツを提供するようにします。最新で一貫性のある情報を提供すると、ユーザーがクリックする可能性が高まります。

Q 젊은 사람의 취직률이 심각한 문제가 되고 있는 속에서, 인터넷 가게가 인기

가 있는 것 같습니다. 이 인터넷 가게를 시작하려고 생각하고 있으면, 무엇을 주의해서 경영해야만 합니까?

1. 인터넷 가게 개업을 생각하고 있는 시점에서 다루는 상품은 이미 정한 것이라고 생각합니다. 자사에서 개발한 것인지 타사에서 구입한 것인지의 차이가 있겠죠. 그 상품의 시장이 어디에 있는 것인가, 그렇지 않으면 혹시 어디에도 없는 것인가 라는 점에 대해서 한 번 생각해 보는 편이 좋습니다. 그것을 생각하지 않고 개업해 버리면, 돈을 그냥 갖다 버리는 것이 됩니다. 또, 판매하려고 생각하는 상품의 타깃, 즉, 소비자가 누구인가를 집약하여 인터넷 가게를 개업하는 편이 좋겠죠.

2. 아무리 좋은 상품과, 멋진 웹사이트라도, 소비자에게 알려지지 않으면 의미가 없겠죠. 그래서 웹사이트에서 사용자와의 커뮤니티를 형성하지 않으면 안 됩니다. 열심히 하는 독자를 획득하면, 사이트의 테마에 관한 정보원을 작성하는데 있어서 도움이 됩니다. 예를 들면, 게시판, 사용자리뷰, 블로그 등을 게재하면, 사용자에게 가치가 있는 독자적인 컨텐츠를 제공할 수 있습니다. 그리고 항상 최신이며 관련성이 높은 컨텐츠를 제공하도록 합니다. 최신이고 일관성이 있는 정보를 제공하면, 사용자가 클릭할 가능성이 높아집니다.

단어설명

若者 젊은이　就職率 취직률　深刻 심각　問題 문제　ネットショップ 인터넷 가게　人気 인기　始める 시작하다　気をつける 주의하다　経営 경영　開業 개업　考える 생각하다　時点 시점　既に 이미　取り扱う 다루다, 취급하다　商品 상품　決める 정하다　自社 자사　開発 개발　他社 타사　仕入れる 구입하다　違い 차이　市場 시장　それとも 그렇지 않으면　もしかしたら 만일　点 점　方 편　良い 좋다　お金 돈　ドブ 도랑　捨てる 버리다　販売 판매　ターゲット 타깃　つまり 즉　消費者 소비자　誰か 누군가　しぼる 좁히다　いくら~ても 아무리~라도　すばらしい 멋지다　知られる 알리다　意味 의미　形成 형성　ユーザー 사용자, 유저　コミュニティ 커뮤니티　熱心 열심　読者 독자　獲得 획득　関する 관하다　情報源 정보원　作成 작성　~うえで ~하는데 있어서　役立つ 도움이 되다　たとえば 예를 들면　掲示板 게시판　レビュー 리뷰　掲載 게재　価値 가치　独自 독자성　コンテンツ 컨텐츠　提供 제공　常に 늘, 항상　最新 최신　関連性 관련성　高い 높다　提供 제공　一貫性 일관성　可能性 가능성　高まる 높아지다

場面設定 장면설정

1. 부탁・의뢰・명령
부탁・의뢰・명령 표현의 기본형
의뢰표현의 패턴
부탁・의뢰・명령 표현의 예문
실전문제
응답의 예

2. 거절
다음 기회의 희망을 나타내는 표현
「할 수 없다」는 것을 전하는 기본적인 표현
난처한 기색으로 에둘러서 거절하는 표현
죄송한 듯한 마음을 담아 거절하는 표현
보류해 두었던 안건을 거절하는 표현
상대의 친절이나 호의가 오히려 폐가 된다는 것을 나타내는 표현
상대방의 처지를 공감하는 표현
항상 거절하고 있다 라고 하는 표현
정에 호소하여 포기하게 만드는 표현
실전에서 바로 사용하는 예문
실전문제
응답의 예

3. 감사의 말
필수 어휘 및 표현
실전문제
응답의 예

4. 설득・제안의 표현
직접적으로 설득・제안하는 방법
간접적으로 설득・제안하는 방법
「どう？」「いかが(존경표현)」로 설득・제안하는 방법
설득・제안하는 표현의 구분
권유표현의 차이(친한 사이의 경우)
실전문제
응답의 예

5. 사과의 표현
사과행위를 구성하는 구체적인 예문
실전에서 바로 사용하는 예문
실전문제
응답의 예

제 6 부 簡単な応答

필수 어휘 및 표현

1. 부탁・의뢰・명령

| 부탁・의뢰・명령 표현의 기본형 |

	보통　←	→　정중함
정중하지 않음	~(し)て。／~(し)てくれ。	
	~(し)てくれる？	~(し)てくれない？
↑	~(し)てもらえる？	~(し)てもらえない？
↑	~(し)てくれますか？	~(し)てくれませんか？
↓	~(し)てください。	
↓	~(し)てくださいますか	~(し)てくださいませんか
정중함	~(し)ていただけますか	~(し)ていただけませんか

의뢰표현의 패턴

1. 전제
「申し訳ございませんが。」 죄송합니다만.
「恐れ入りますが。」 죄송합니다만.

2. 의뢰가 있는 것을 나타낸다
「頼みたいことがあるんですが。」 부탁하고 싶은 것이 있습니다만.
「ちょっとお願いしたいことがあるんですけど。」
잠시 부탁 드리고 싶은 것이 있습니다만.

3. 의뢰의 이유, 배경을 설명
「どうしても調べたいことがあるんです。」
어떻게든 알아보고 싶은 것이 있습니다.
「来週までにレポートを出さなければなりません。」
다음주까지 리포트를 제출해야만 합니다.

4.
(A) 의뢰의 내용을 들어주기를 바란다
「イロハ商事の電話番号を教えてもらえると助かるんですが。」
이로하 상사의 전화번호를 가르쳐 주실 수 있으면 도움이 되겠습니다만.
「明日の会議に、ご出席いただけると、ありがたいのですが。」
내일 회의에 출석해 주시면, 감사하겠습니다만.

(B) 듣는 사람의 앞으로의 행동을 질문한다
「イロハ商事の電話番号を教えてもらえますか。」
이로하 상사의 전화번호를 가르쳐 주실 수 없겠습니까?
「明日の会議に、出席していただけますか。」
내일 회의에, 출석해 주실 수 없겠습니까?

5. 의뢰내용의 실행이 가능하다는 것을 나타낸다
「すぐに返しますから。」 바로 돌려드릴 테니까.

「ご都合のよい時でかまいませんので。」 형편이 좋을 때라도 상관이 없습니다만.

6. 직접 의뢰를 한다
「イロハ商事の電話番号を教えてください。」
이로하 상사의 전화번호를 가르쳐 주세요.
「いつでもお越しください」 언제든지 와 주세요.

부탁·의뢰·명령 표현의 예문

赤いペンを貸してくれ。 빨간 펜을 빌려 줘.
私の代わりに出席してくれ。 내 대신에 출석해 줘.
だれが費用を出してくれる？ 누군가 비용을 내 줄래?
ケーキの作り方を教えてくれる？ 케이크 만드는 방법을 가르쳐 줄래?
子供たちの世話をしてくれますか。 아이들을 보살펴 주겠습니까?
何か書くものを貸してくれますか。 뭔가 쓸 것을 빌려 주겠습니까?
気軽に相談してください。 부담 없이 상담해 주세요.
私のあとについてきてください。 내 뒤에 따라와 주세요.
ここには何を記入したらよいか教えてくださいますか。
여기에는 무엇을 기입하면 좋을지 가르쳐 주시겠습니까?
夜の観光バスを手配してくださいますか。 저녁 관광버스를 알아봐 주시겠습니까?
配送日を4月10日から4月5日にしていただけますか。
배송일은 4월 10일에서 4월 5일로 해 주시겠습니까?
免許証を見せていただけますか。 면허증을 보여 주시겠습니까?
これをポストに入れてくれない？ 이것을 우체통에 넣어 주지 않을래?
私の仕事を手伝ってくれない？ 내 일을 도와주지 않을래?
ぼくを見送ってもらえない？ 나를 배웅해 주지 않을래?
キャンパスを案内してもらえない？ 캠퍼스를 안내해 주지 않을래?
その点について、説明をしてくれませんか。
그 점에 대해서 설명해 주지 않겠습니까?
この宝石を保管しておいてくれませんか。 그 보석을 보관해 둬 주지 않겠습니까?
窓を閉めてくださいませんか。 창문을 닫아 주시지 않겠습니까?

すみませんが塩を取ってくださいませんか。
죄송합니다만, 소금을 집어 주시지 않겠습니까?

この１万円札を崩していただけませんか。
이 만 엔짜리 지폐를 바꿔 주시지 않겠습니까?

ここの住所はどこか教えていたけませんか。
여기 주소는 어딘지 가르쳐 주시지 않겠습니까?

실전문제

ここでは２つの異なる場面から質問されます。場面設定は絵と説明文で示されます。場面設定の説明文を聞いた後、回答を考える時間は30秒あります。その後、発信音がなったら発話してください。より高いレベルの会話力が測れるよう、できるだけ多く発話してください。発信音の後の応答時間は各問題につき40秒です。
では、問題１から聞いてください。

問題１．あなたは急に、お金が必要になりました。引っ越したばかりなので、知り合いもあまりいません。それで、遠くにいる友だちに電話で借りるしかないと思いました。友だちの気分を悪くしないよう、頼んでください。

（30秒）発信音　　　　　　　　(40秒)　　　　　　　　終わりです

応答＿＿＿＿＿＿＿＿＿＿＿＿＿＿＿＿＿＿＿＿　＿＿＿＿＿＿＿＿＿＿＿＿＿＿

＿＿＿＿＿＿＿＿＿＿＿＿＿＿＿＿＿＿＿＿＿＿＿＿＿＿＿＿＿＿＿＿＿＿＿＿＿＿

＿＿＿＿＿＿＿＿＿＿＿＿＿＿＿＿＿＿＿＿＿＿＿＿＿＿＿＿＿＿＿＿＿＿＿＿＿＿

＿＿＿＿＿＿＿＿＿＿＿＿＿＿＿＿＿＿＿＿＿＿＿＿＿＿＿＿＿＿＿＿＿＿＿＿＿＿

＿＿＿＿＿＿＿＿＿＿＿＿＿＿＿＿＿＿＿＿＿＿＿＿＿＿＿＿＿＿＿＿＿＿＿＿＿＿

問題２．あなたのマンションの上の階に住んでいる家族には小さい子供が３人います。いつも大声を出して騒いだり、足音も大きくて我慢できません。上の階に放して、この問題を解決してください。

（30秒）発信音　　　　　　　(40秒)　　　　　　終わりです

応答

응답의 예

問題１． あなたは急に、お金が必要になりました。引っ越したばかりなので、知り合いもあまりいません。それで、遠くにいる友だちに電話で借りるしかないと思いました。友だちの気分を悪くしないよう、頼んでください。

응답의 예 1　　もしもし、山田君、キムだけど、今朝、電車の中で財布を落としちゃったみたいで、キャッシュカードも入っていたからお金をおろすこともできなくて。すまないが、お金に余裕があればちょっと貸してもらえる？給料日が来週の木曜日だからその日には返すよ。もし気分を悪くさせたらごめんね。君しか電話する人がいなくて。

응답의 예 2　　もしもし、キム君、僕だけど、ちょっとお願いがあるの。実はね、前からアプローチしてたエナちゃんが、デートしてくれるって言うんだ。だから絶対気に入ってくれるあのお店に連れていきたいんだよ。給料日はまだだし、ちょっと困っているのよ。悪いんだけど、２万円ぐらい貸してもらえる？次の給料日にちゃんと返すから。いきなりお金の話をしてごめんね。

Q 　당신은 갑자기 돈이 필요하게 되었습니다. 이사를 한지 얼마 되지 않았기 때문에 아는 사람도 별로 없습니다. 그래서 멀리 있는 친구에게 전화로 돈을 빌릴 수밖에 없다고 생각했습니다. 친구의 기분을 상하지 않도록, 부탁해 주세요.

1. 여보세요, 야마다 군? 김인데, 오늘 아침, 전철 안에서 지갑을 잃어버린 것 같은데, 현금카드도 들어 있어서 돈을 찾을 수도 없어 미안하지만, 돈에 여유가 있으면 좀 빌려 줄 수 있을까? 월급날이 다음 주 목요일이니까 그 날에는 갚을게. 만일 마음을 상하게 했다면 미안해. 너밖에 전화할 사람이 없어서.
2. 여보세요, 김 군? 낸데, 좀 부탁할 것이 있어. 실은 말이야, 전부터 사귀려고 했던 에나가 데이트를 하자고 했어, 그래서 반드시 마음에 들어 하는 그 가게에 데리고 가고 싶어. 월급날은 아직이어서 좀 난처해. 미안하지만, 2만 엔 정도 빌려 줄 수 있어? 다음 월급날에는 반드시 갚을 테니까. 갑자기 돈 이야기를 해서 미안해.

단어설명

急に 갑자기 お金 돈 必要 필요 引っ越す 이사하다 동사과거형+ばかり 막~하다 知り合い 아는 사람 あまり 그다지, 별로 遠く 멀리 友だち 친구 電話 전화 借りる 빌리다 ~しかない ~밖에 없다 気分 기분, 마음 悪い 나쁘다 頼む 부탁하다 今朝 오늘 아침 電車 전철 財布 지갑 落とす 떨어뜨리다, 잃어버리다 キャッシュカード 현금카드 入る 들어가다 おろす 은행에서 돈을 찾다 すまない 미안하다 余裕 여유 貸す 빌려주다 給料日 월급날 来週 다음 주 木曜日 목요일 日 날 返す 돌려주다, 갚다 もし 만일 君 너, 자네 僕 나 お願い 부탁 実は 실은 前 전 アプローチ 접근 絶対 절대 気に入る 마음에 들다 店 가게 連れる 동반하다 困る 곤란하다 万円 만 엔 次 다음 ちゃんと 반드시 いきなり 갑자기

問題２. あなたのマンションの上の階に住んでいる家族には小さい子供が３人います。いつも大声を出して騒いだり、足音も大きくて我慢できません。上の階に話して、この問題を解決してください。

응답의 예 1　あの、すみません。下の階に住んでいる李と申します。実は、子供の足音がとても大きくて、ちょっと我慢しにくいんです。本当に申し訳ございませんが、夜遅い時間だけでも気をつけていただけませんか。

응답의 예 2　あの、すみません。下の階の住人ですが、今よろしいでしょうか。とても悩んでお話しするんですが、お宅のお子さんの騒ぎ声と足音でちょっと大変です。子供が小さいから仕方ないとは思いますが、夜遅くは困りますね。騒ぎ声は何とか我慢できますが、走り回る足音には耐えられませんね。キッズマットでも敷いていただけるとありがたいんですが。まあ、そういうことなのでよろしくお願いします。

Q　당신의 맨션 위 층에 살고 있는 가족에게는 어린 아이가 3명 있습니다. 항상 큰 소리로 떠들거나 발소리도 커서 참을 수가 없습니다. 위 층에 이야기해서, 이 문제를 해결해 주세요.

1. 저, 실례합니다. 아래 층에 살고 있는 이라고 합니다. 실은, 아이의 발소리가 너무 커서, 좀 참기 힘듭니다. 정말로 죄송합니다만, 밤늦은 시간만이라도 주의를 해 주실 수 없겠습니까?

2. 저, 실례합니다. 아래 층의 주민입니다만, 지금 시간 괜찮습니까? 매우 고민하고 드리는 말씀입니다만, 댁의 자제분의 떠드는 소리와 발소리로 좀 힘듭니다. 아이가 어리기 때문에 어쩔 수 없다고는 생각합니다만, 밤늦게는 곤란해요. 떠드는 소리는 어떻게든 참을 수 있습니다만, 뛰면서 돌아다니는 발소리에는 참을 수가 없어요. 어린이용 매트라도 깔아주시면 감사하겠습니다만. 그런 것이니 잘 부탁합니다.

단어설명
上 위 階 층 住む 살다, 거주하다 家族 가족 小さい 작다, 어리다 子供 아이 大声 큰소리 出す 내다 騒ぐ 떠들다 足音 발소리 大きい 크다 我慢 참음 上 위 問題 문제 解決 해결 申す 「言う-말하다」의 겸양표현 実は 실은 동사ます형+にくい ~하기 어렵다 本当に 정말로 申し訳ない 죄송하다 夜遅い 밤늦다 気をつける 주의하다 住人 주민 今 지금 悩む 고민하다 お宅 댁 騒ぎ声 떠드는 소리 大変だ 힘들다 仕方ない 어쩔 수 없다 困る 곤란하다 何とか 어떻게든 走る 달리다 回る 돌다 耐える 참다 敷く 깔다

2. 거절

필수 어휘 및 표현

다음 기회의 희망을 나타내는 표현

今回は見送らせください。 이번에는 보류해 주세요.
今回は遠慮させていただきます。 이번에는 사양하겠습니다.

→ 「今回」라는 표현을 넣어야만, 상대에게 다음 번의 가능성을 열어주고 멋지게 거절할 수 있다.

「할 수 없다」는 것을 전하는 기본적인 표현

いたしかねます。 하기 어렵습니다.

→ 「できない:할 수 없다」라고 표현하면 상대방의 심기를 건드리는 것이 되므로, 「동사ます형+かねる:~하기 어렵다」라고 완곡하게 표현하는 것이 바람직하다.

난처한 기색으로 에둘러서 거절하는 표현

難しいお話ですね。 어려운 말씀이시군요.

→ 「断る:거절하다」라는 어휘를 사용하지 않고, 거절하고 싶다는 마음을 전하는 표현인데, 이렇게 말하면 상대방은 나의 마음을 헤아려 준다.

죄송한 듯한 마음을 담아 거절하는 표현

お役に立てず残念です。 도움이 되지 않아서 유감입니다.
力になりたいのはやまやまですが…。
힘이 되어 드리고 싶은 것은 굴뚝같습니다만….

→ 거절하고 싶지만 딱 잘라 거절하면 좋았던 상호관계가 무너질 우려가 있다. 그래서 상대방의 마음이 손상되지 않도록 위와 같이 표현하는 것이 좋다.

보류해 두었던 안건을 거절하는 표현

よく考えさせていただいたのですが…。 잘 생각해 보겠습니다만….

→ 보류해 두었던 안건에 대해서 최종적으로 거절할 때 사용하는 가장 일반적인 문장이다. 최종적으로 거절할 경우에는,
「先日の案件について社内でよく考えさせていただきましたが、今回は見送らせていただくことになりました。 저번의 안건에 대해서 사내에서 잘 생각했습니다만, 이번에는 보류하게 되었습니다」
라고 표현하는 것이 좋다.

상대의 친절이나 호의가 오히려 폐가 된다는 것을 나타내는 표현

おこころざしはありがたいのですが。 후의는 감사합니다만.
このようなお心遣いを頂いても困りますので。
이런 식의 마음씀씀이를 받아도 난처합니다만.

→ 저의나 다른 의도가 있는, 지나친 접대나 금품에 대해 거절할 때 사용한다.
「おこころざしはありがたいのですが、お気持ちだけいただいておきます。 후의는 감사합니다만, 마음만 받아 두겠습니다」
라고 최종적으로 표현한다.

상대방의 처지를 공감하는 표현

ご事情、重々お察しいたします。 사정을 충분히 헤아릴 수 있습니다.

→ 「契約して欲しい:계약해 주기를 바란다」 「お金を貸して欲しい:돈을 빌려주기를 바란다」 등, 상대방이 난처해 있는 것을 알고, 의뢰해 왔을 때 거절하는 표현이다. 상대방이 난처하다는 것을 이해함으로써, 결과적으로 상대방이 덜 기분 나쁘게 받아들일 수 있다.

항상 거절하고 있다 라고 하는 표현

いろいろな方々が同じようなお話を持ってきてくれるのですが。
여러 분들이 같은 말씀을 하시고 있습니다만.

→ 보험이나 신문구독 등의 자주 있는 의뢰에 사용할 수 있는 표현이다.
「あなただけを断っているのではない:당신에게만 거절하고 있는 것이 아니다」
「誰であっても断っている:누구라도 거절하고 있다」
라는 메시지를 전할 수 있다.

정에 호소하여 포기하게 만드는 표현

こちらの事情もお汲み取りください。저의 사정도 헤아려 주세요.

→ 상대방이 끈질기게 의뢰해 올 때, 사용할 수 있는 정해진 표현이다. 무리한 부탁, 터무니 없는 부탁에 사용할 수 있는 표현이기도 하다.

* 실전에서 바로 사용하는 예문

今回はお断りしても良いでしょうか？少し眠いのです。
이번에는 거절해도 되겠습니까? 조금 졸립니다.
来週伺うという事でよろしいでしょうか？今週は先約がありますので。
다음주에 찾아 뵙는 걸로 괜찮겠습니까? 이번 주는 선약이 있어서.
できるなら、失礼させていただきないのですが。明日は早く起きなければならないので。
가능하다면, 실례하고 싶지 않습니다만. 내일은 빨리 일어나야만 하기에.
残念な事に用事ができてしまいましたので、昼食をご一緒できません。
유감스럽게도 볼일이 생겨서 점심을 함께 할 수 없습니다.
ご一緒できればと思いますが、その日はニューヨークにいないのです。
함께 할 수 있으면 좋다고 생각합니다만, 그 날은 뉴욕에 없습니다.
差し支えなければ、今日はこの辺にしておきませんか？
지장이 없으시면 오늘은 이쯤으로 해 두지 않겠습니까?
実は、こういう映画はあまり好きではありません。
실은, 이런 영화는 그다지 좋아하지 않습니다.
正直に申し上げますが、そのミュージカルは面白くありませんでした。
솔직히 말씀 드립니다만, 그 뮤지컬은 재미있지 않았습니다.
残念ながら、ボウリングにそれほど興味がないのですが。何か他の事をやるというわけにはいかないでしょうか？
유감이지만, 볼링에 별로 흥미가 없습니다만. 뭔가 다른 것을 할 수는 없겠습니까?
それはわかりますが、私の思うところも言わせて頂いてよろしいでしょうか？
그건 알겠습니다만, 제가 생각하는 바도 말해도 되겠습니까?
実は、中華料理はあまり好きではありません。
실은 중화요리는 별로 좋아하지 않습니다.
残念ながらもうここで働く事にあまり興味をもってません。
유감이지만, 이제 여기서 일하는 것에는 별로 흥미를 가질 수 없습니다.
あなたのおっしゃる事は、ごもっともですが、私の意見も言わせて頂いてよろしいでしょうか？
당신이 하시는 말씀은 당연합니다만, 저의 의견을 말해도 되겠습니까?

실전문제

ここでは2つの異なる場面から質問されます。場面設定は絵と説明文で示されます。場面設定の説明文を聞いた後、回答を考える時間は30秒あります。その後、発信音がなったら発話してください。より高いレベルの会話力が測れるよう、できるだけ多く発話してください。発信音の後の応答時間は各問題につき40秒です。
では、問題1から聞いてください。

問題1. 会社の先輩から仕事を頼まれました。理由は会議に行かなくてはいけないからです。代わりに先輩の仕事を1時間やってほしいとの事でした。でも、今日は大事な約束があります。話をして、断ってください。

（30秒）発信音　　　　　　　　（40秒）　　　　　　　　終わりです

応答_____

_____

_____

_____

_____

問題２．あなたは先日、大学の先輩から告白されたのですが、その先輩とはあまり話したこともないし、相手のこともまだよく知らないので、付き合いたくないです。その先輩の気分を悪くしないよう、うまく断ってください。

（30秒）発信音　　　　　　　　(40秒)　　　　　　　　　終わりです

応答_____

_____

_____

_____

_____

_____

응답의 예

問題1. 会社の先輩から仕事を頼まれました。理由は会議に行かなくてはいけないからです。代わりに先輩の仕事を1時間やってほしいとの事でした。でも、今日は大事な約束があります。話をして、断ってください。

응답의 예 1　本来ならば引き受けるべきですが、今日は大事な約束があります。今日でないとどうしても会えない友だちとのです。外国へ留学に行ってから久々にこっちに帰ってくるようで…。大変申し訳ございません。あ、私では難しくても、営業部のヤンさんなら代わりにやってもらえるかと思います。力になりたいのはやまやまですが…。

응답의 예 2　先輩、申し訳ございません。本当は断りたくないのですが、今日は会社のあと、とても大事な約束があります。先週、10年ぶりに高校の友だちから連絡が来て今日会うことにしました。その友だちとは本当に親しかったんですが、友だちが高校を卒業してアメリカへ留学に行っちゃって…。お役に立てず、申し訳ございません。

Q 회사의 선배로부터 일을 부탁 받았습니다. 이유는 회의에 참가해야 하기 때문입니다. 대신에 선배의 일을 1시간 해 달라는 것이었습니다. 하지만, 오늘은 중요한 약속이 있습니다. 이야기를 해서, 거절해 주세요.

1. 본래라면 받아들여야만 합니다만, 오늘은 중요한 약속이 있습니다. 오늘이 아니면 도저히 만날 수 없는 친구와의 약속입니다. 외국으로 유학 가고 나서 오랜만에 이쪽으로 귀국하는 것 같아서…. 대단히 죄송합니다. 아, 저는 힘들더라도, 영업부의 양 씨라면 대신 해 줄 수 있을 거라고 생각합니다. 힘이 되고 싶은 것은 굴뚝같습니다만….

2. 선배님, 죄송합니다. 사실은 거절하고 싶지 않습니다만, 오늘은 회사를 마친 후, 매우 중요한 약속이 있습니다. 지난 주, 10년 만에 고등학교 친구로부터 연락이 와서 오늘 만나기로 했습니다. 그 친구와는 정말로 친했습니다만, 친구가 고등학교를 졸업하고 나서 미국으로 유학을 가버려서…. 도움이 되지 못해서 죄송합니다.

단어설명

会社 회사　先輩 선배　仕事 일　頼む 부탁하다　理由 이유　会議 회의　代わり 대신

友だち 친구　～との事 ～라는 것　今日 오늘　大事だ 중요하다　約束 약속　断る 거절하다　本来 본래　引き受ける 받아들이다　会う 만나다　外国 외국　留学 유학　久々に 오랜만에　帰る 돌아오다　大変 매우　申し訳ない 죄송하다　難しい 어렵다　営業部 영업부　力 힘　やまやま 굴뚝 같음　本当 진짜　先週 지난 주　～ぶりに ～만에　高校 고등학교　連絡 연락　親しい 친하다　卒業 졸업　役に立つ 도움이 되다

問題2.　あなたは先日、大学の先輩から告白されたのですが、その先輩とはあまり話したこともないし、相手のこともまだよく知らないので、付き合いたくないです。その先輩の気分を悪くしないよう、うまく断ってください。

응답의 예 1　お気持ちは嬉しいです。ありがとうございます。でも今は勉強に必死で早く納得できるような成果を出したいです。それで誰かと付き合う気分になれないから、ごめんなさい。気持ちに答えられなくてすみません。でもこれからも私のいい先輩になるでしょう。よろしくお願いします。

응답의 예 2　今すぐは恋人として見るのは難しいから時間が欲しいです。また私はだめなところがいっぱいあります。先輩は完璧だから…私は先輩に全然ふさわしくないです。いつも先輩からいろんなことを教えてもらい、ありがたく思っています。これからもよろしくお願いします。

Q　당신은 전날, 대학의 선배로부터 고백을 받았습니다만, 그 선배와는 별로 이야기를 한 적도 없고, 상대방에 대해서도 아직 잘 모르기 때문에 사귀고 싶지 않습니다. 그 선배의 기분을 나쁘게 하지 않도록, 거절을 잘 해주세요.

1. 마음은 기쁩니다. 감사합니다. 하지만 지금은 공부에 매진하고, 빨리 납득할 수 있는 듯한 성과를 내고 싶습니다. 그래서 누군가와 사귈 마음이 들지 않기 때문에, 죄송합니다. 선배의 마음에 응할 수 없어서 죄송해요, 하지만 앞으로도 저의 좋은 선배가 되겠죠. 잘 부탁합니다.

2. 지금 바로는 애인으로서 보는 것은 어렵기 때문에 시간을 갖고 싶습니다. 또 저는 안 좋은 점이 많이 있습니다. 선배는 완벽하기 때문에…. 저는 선배에게 전혀 어울리지 않습니다. 항상 선배로부터 여러 가지 가르침을 받아, 고맙게 생각하고 있습니다. 앞으로도 잘 부탁합니다.

단어설명

先日 전날　大学 대학　先輩 선배　告白 고백　あまり 그다지, 별로　相手 상대　知る 알다　付き合う 사귀다　気分 기분　悪い 나쁘다　断る 거절하다　気持ち 기분　嬉しい 기쁘다　勉強 공부　必死 필사　早く 빨리　納得 납득　成果 성과　出す 내다　誰か 누군가　答える 대답하다　恋人 애인　難しい 어렵다　欲しい 원하다　完璧 완벽　全然 전혀　ふさわしい 어울리다　教える 가르치다

3. 감사의 말

필수 어휘 및 표현

本日(ほんじつ)はお忙(いそが)しい中(なか)、私(わたし)たちの為(ため)にお時間(じかん)を作(つく)っていただき、貴重(きちょう)なお話(はなし)をありがとうございました。 오늘은 바쁘신 와중에, 저희들을 위해서 시간을 만들어 주시고, 귀중한 말씀, 감사 드립니다.

○○についてのお話(はなし)は、これからの私(わたし)たちの進路(しんろ)に関係(かんけい)のあるお話(はなし)で…。 ○○에 대한 말씀은, 앞으로 저희들의 진로에 관계가 있는 말씀으로서….

とてもわかりやすく○○について話(はな)していただき…」 매우 이해하기 쉽게 ○○에 대해서 말씀해 주셔서….

心(こころ)より感謝申(かんしゃもう)し上(あ)げます。 마음으로부터 감사 말씀 드립니다.

この度(たび)は、たいへんお世話(せわ)になり感謝(かんしゃ)の言葉(ことば)もございません。 이 번에는 매우 신세를 지게 되어 감사 말씀을 드립니다.

何(なん)とお礼(れい)を申(もう)し上(あ)げてよいのか、感謝(かんしゃ)の言葉(ことば)もありません。 뭐라고 답례의 말씀을 드리면 좋을지, 감사 말씀을 드립니다.

深(ふか)く感謝(かんしゃ)しております。 깊게 감사하고 있습니다.

親身(しんみ)になって対応(たいおう)していただき、感謝(かんしゃ)しております。 정성껏 대응해 주셔서 감사하고 있습니다.

ただただ感謝(かんしゃ)の気持(きも)ちでいっぱいです。 단지 감사의 마음으로 가득 찼습니다.

ご好意(こうい)に感謝(かんしゃ)します。 호의에 감사 드립니다.

○○様(さま)のご尽力(じんりょく)があってこその成功(せいこう)と、感謝(かんしゃ)しております。 ○○님이 힘을 써 주셔서 성공했기에 감사하고 있습니다.

私(わたし)がここまでやってこられたのは、○○さんのお陰(かげ)です。本当(ほんとう)に感謝(かんしゃ)しています。 제가 여기까지 올 수 있었던 것은, ○○님의 덕분입니다. 정말로 감사하고 있습니다.

このような機会(きかい)を頂(いただ)き、感謝(かんしゃ)の気持(きも)ちでいっぱいです。 이러한 기회를 받아서, 감사의 마음으로 가득 찹니다.

いつも無理(むり)を聞(き)いていただき、感謝(かんしゃ)しております。 항상 무리한 요구를 들어 주셔서, 감사하고 있습니다.

優(やさ)しく接(せっ)して下(くだ)さり、感謝(かんしゃ)しております。 친절하게 대해 주셔서 감사하고 있습니다.

とても嬉しく思い、感謝しております。 매우 기쁘게 생각하며, 감사하고 있습니다.
今までのご足労感謝しています。 지금까지의 수고에 감사하고 있습니다.
○○につきましては並々ならぬご尽力を賜り、心より感謝いたしております。
○○에 대해서는 남다른 수고를 받아서, 마음으로부터 감사하고 있습니다.
気づかいどうもありがとうございます。 마음을 써 주셔서 감사합니다.
先日は盛大な送別会を開いていただきまして、本当にありがとうございました。
전날은 성대한 송별회를 열어 주셔서 정말로 감사했습니다.
ご丁寧にありがとうございます。 친절함에 감사합니다.
本当にありがたく思っております。 정말로 감사하게 생각하고 있습니다.
誠にありがとうございました。 진심으로 감사합니다.
心強いお言葉ありがとう。 마음 든든한 말, 고마워.
ひとこと、お礼を申し上げたくて参りました。
한마디 감사의 말씀을 드리고 싶어서 왔습니다.
厚くお礼申し上げます。 깊게 감사의 말씀을 올립니다.
ご面倒おかけしました。 폐를 끼쳐 드렸습니다.
ご配慮くださり、深謝いたしております。
배려를 해 주셔서, 깊게 감사하고 있습니다.
いつもご面倒ばかりかけて、申し訳ありません。 항상 폐만 끼쳐서 죄송합니다.
お使い立てして、申し訳ありません。 일을 시켜서 죄송합니다.
今回は、お言葉に甘えさせていただきます。 이번에는 말씀에 응하겠습니다.
この度のお力添え、一生恩に着ます。
이번에 도움이 되어서, 평생 은혜를 입었습니다.
多大なるご協力を賜り、お礼の申しようもありません。
많은 협력을 받아, 감사의 말씀을 드릴 방법도 없습니다.
ご好意に胸がいっぱいになりました。 호의에 가슴이 벅찼습니다.
貴重な時間を私どものためにさいていただき、心より感謝いたしております。
귀중한 시간을 저희들을 위해서 내어 주셔서 마음으로 감사하고 있습니다.
いろいろご配慮いただきまして誠にありがとうございます。
여러 가지 배려를 받아서 진심으로 감사합니다.

皆様方の温かなご支援とご指導のお陰様をもちまして重責を勤めることができましたこと、忘れることなく心に銘じておく所存であります。
여러분들의 따뜻한 지원과 지도로 중책을 맡을 수 있게 되었던 것, 잊지 않고 마음에 새겨두는 바입니다.
ここまで出来たのも、ひとえに○○様にご助力いただいたお陰です。
이렇게 까지 할 수 있었던 것도 오로지 ○○님에게 협력을 받은 덕분입니다.
今まで何から何までありがとうございました。またこれからもご迷惑おかけしますと思いますが、温かい目でお守りいただけるよう頑張っていきます。なにとぞよろしくお願いします。
지금까지 모든 것에 감사 드립니다. 또 앞으로도 폐를 끼칠 거라고 생각합니다만. 따뜻한 눈으로 지켜 받을 수 있도록 열심히 하겠습니다. 잘 부탁 드립니다.
僕の役に立っていただき、感謝するよ。またこれからもよろしくね。
나의 도움이 되어 고마워. 또 앞으로도 잘 부탁해.
いつもこんな私を支えてくれてありがとう。항상 이런 나를 지탱해 주어 고마워.
楽しい日々をありがとうございます。즐거운 나날을 감사합니다.
いつもお引き立ていただきありがとうございます。
항상 특별히 돌봐 주셔서 감사합니다.

실전문제

ここでは２つの異なる場面から質問されます。場面設定は絵と説明文で示されます。場面設定の説明文を聞いた後、回答を考える時間は30秒あります。その後、発信音がなったら発話してください。より高いレベルの会話力が測れるよう、できるだけ多く発話してください。発信音の後の応答時間は各問題につき40秒です。
では、問題１から聞いてください。

問題１．新学期と研究の準備でとても忙しい教授が、わざわざ勉強会に来てくださいました。この勉強会は、卒業論文のためにやっている集まりです。教授に感謝の挨拶をしてください。

（30秒）発信音　　　　　　　　(40秒)　　　　　　　　終わりです

応答_____
_____
_____
_____
_____

問題２．外国にカメラを輸出する会社に勤めています。先日、外国の取引先からクレームがあってとても困っています。その時、会社の先輩がクレームを解決してくれて助かりました。感謝の気持ちを伝えてください。

（30秒）発信音　　　　　　　　　　(40秒)　　　　　　　　　　終わりです

応答_____
_____
_____
_____
_____
_____

응답의 예

問題1. 新学期と研究の準備でとても忙しい教授が、わざわざ勉強会にいらっしゃっていろいろアドバイスをしてくださいました。この勉強会は、卒業論文のためにやっている集まりです。教授に感謝の挨拶をしてください。

응답의 예 1　今日はお忙しい中、私たちのためにお時間を作っていただき、貴重なお話をありがとうございました。実は、どういうふうに卒業論文を書けば良いのか頭を悩ましているところでした。みんなの意見が全部バラバラだったし、解決策もまったく見当たらなくて…。教授の心のこもった一言でみんなやる気満々です。非常にお役に立って本当に助かりました。あらためて、貴重な時間を私どものためにさいていただき、心より感謝いたします。

응답의 예 2　貴重な時間を私どものためにさいていただき、心より感謝いたしております。卒業論文をどうしたら良いか、まったく出口が見当たらなかったんです。いろんな意見が出ましたけれど、みなさんからの同意を得られなくて困っているところでした。図書館で本を調べたり、ネットで検索をしたりしましたが、私たちの力では無理でした。でも、教授のご指導のおかげで卒業論文はすんなり進みました。何とお礼を申し上げてよいのか、感謝の言葉もありません。もう一度、感謝の気持ちをお伝えします。

Q　신학기와 연구의 준비로 매우 바쁜 교수님이 일부러 스터디에 오셔서, 여러 가지 어드바이스를 해 주셨습니다. 이 스터디는 졸업논문을 위해서 하고 있는 모임입니다. 교수님에게 감사의 인사를 해 주세요.

1. 오늘은 바쁘신 와중에, 저희들을 위해서 시간을 만들어 주시고, 귀중한 말씀, 감사 드립니다. 실은 어떤 식으로 졸업논문을 쓰면 좋을지 고민하고 있는 중이었습니다. 모두의 의견이 전부 달랐고, 해결책도 전혀 발견되지 않아서…. 교수님의 마음이 담긴 한마디로 모두 의욕이 넘칩니다. 매우 도움이 되어 정말로 힘이 되었습니다. 한 번 더 귀중한 시간을 저희들을 위해서 내어 주셔서 마음으로 감사 드립니다.

2. 귀중한 시간을 저희들을 위해서 내어 주셔서 마음으로 감사해 하고 있습니다. 졸업논문을 어떻게 하면 좋을지, 전혀 출구를 찾을 수 없었습니다. 여러 의견이 나왔습니다만, 여러분으로부터의 동의를 얻을 수 없어서 난처해 하고 있는

중이었습니다. 도서관에서 책을 살펴보거나 인터넷에서 검색을 하거나 했습니다만, 저희들의 힘으로는 무리였습니다. 하지만, 교수님의 지도 덕분으로 졸업논문은 순조롭게 진행되었습니다. 뭐라고 답례의 말씀을 드리면 좋을지, 감사 말씀을 드립니다. 한번 더 감사의 마음을 전해드립니다.

단어설명

新学期 신학기 研究 연구 準備 준비 忙しい 바쁘다 教授 교수 わざわざ 일부러 勉強会 스터디, 공부모임 いらっしゃる 「行く-가다・来る-오다・いる-있다」의 존경어 いろいろ 여러 가지 卒業 졸업 論文 논문 集まる 모이다 感謝 감사 挨拶 인사 今日 오늘 時間 시간 作る 만들다 貴重 귀중 実は 실은 書く 쓰다 頭を悩ます 고민하다 意見 의견 全部 전부 バラバラ 흐트러진 모양 解決策 해결책 まったく 전혀 見当たる 발견되다 心 마음 こもる 담기다 一言 한마디 やる気満々 의욕이 넘침 非常に 매우 役に立つ 도움이 되다 本当に 정말로 助かる 살다 あらためて 새삼스럽게 出口 출구 同意 동의 得る 얻다 困る 곤란하다 図書館 도서관 本 책 調べる 조사하다 検索 검색 力 힘 無理 무리 指導 지도 おかげで 덕분에 すんなり 순조롭게 進む 진행되다 お礼 감사 申し上げる 「言う-말하다」의 겸양어 言葉 말 気持ち 기분 伝える 전하다

問題２．外国にカメラを輸出する会社に勤めています。先日、外国の取引先からクレームがあってとても困っていました。その時、会社の先輩のおかげで無事にクレームを解決することができました。先輩に感謝の気持ちを伝えてください。

응답의 예 1 　　いろいろご配慮いただいてありがとうございました。会社に入ったばかりの頃も親切にいろんなことを教えてくださったことも今もよく覚えています。今回も、先輩のアドバイスが非常に役に立ちました。私も先輩のように、部下に力になるような人になりたいと思っています。先輩のおかげで、本当に助かりました。身を引き締めて、頑張ります。これからもよろしくお願いします。

응답의 예 2 　　どうしても乗り越えられないところがあったときに、誰よりも早く先輩が気づいて手を差し伸べてくれました。些細なことだったけれど、私にとってはかけがえのないことでした。いつも先輩には感謝しています。　いつでも周囲をよく見てくれる、先輩のよ

うな優しい人を私も目指していきたいです。今の私がこうしてあるのも、先輩の指導があったからこそだと思っています。あらためて、心を込めて感謝の気持ちを伝えます。ありがとうございます。

Q 외국에 카메라를 수출하는 회사에서 근무하고 있습니다. 전날, 외국의 거래처로부터 클레임이 있어서 매우 곤란해하고 있었습니다. 그 때, 회사의 선배 덕분으로 무사히 클레임을 해결할 수가 있었습니다. 선배에게 감사의 마음을 전해 주세요.

1. 여러 가지 배려를 받아서 감사했습니다. 회사에 들어온 지 얼마 되지 않았을 무렵에도, 친절하게 여러 가지 일을 가르쳐 주신 것도 지금도 잘 기억하고 있습니다. 이번에도 선배의 어드바이스가 매우 도움이 되었습니다. 저도 선배처럼 부하에게 힘이 되는 듯한 사람이 되고 싶다고 생각하고 있습니다. 선배 덕분으로 정말로 도움이 되었습니다. 더욱 몸을 추슬러서 열심히 하겠습니다. 앞으로도 잘 부탁합니다.

2. 도저히 극복할 수 없는 점이 있었을 때에, 누구보다도 빨리 선배가 알아차리고 도움을 주셨습니다. 자그마한 일이었지만, 저에게 있어서는 아주 소중한 것이었습니다. 항상 선배에게는 감사하고 있습니다. 항상 주위를 잘 봐 주는, 선배와 같은 부드러운 사람을 저도 목표로 해서 나아가고 싶습니다. 지금의 제가 이렇게 있을 수 있는 것,도 선배의 지도가 있었기에 가능했다고 생각하고 있습니다. 한번 더 마음을 담아 감사의 마음을 전합니다. 고맙습니다.

단어설명

外国 외국　輸出 수출　会社 회사　勤める 근무하다　先日 전날　取引先 거래처　クレーム 클레임　困る 곤란하다　おかげで 덕분에　無事に 무사히　解決 해결　感謝 감사　気持ち 마음　伝える 전하다　配慮 배려　入る 들어오다　동사과거형+ばかり 막 ~하다　頃 무렵　親切 친절　教える 가르치다　覚える 기억하다　今回 이번　非常に 매우　役に立つ 도움이 되다　部下 부하　力 힘　本当に 정말로　助かる 도움이 되다　身を引き締める 긴장하다, 몸을 추스르다　頑張る 열심히 하다　どうしても 도저히　乗り越える 극복하다　誰よりも 누구보다도　早く 빨리　気づく 알아차리다　手を差し伸べる 손을 뻗다, 도움을 주다　些細 세세, 사소　~にとっては ~에 있어서는　かけがえのない 둘도 없다　周囲 주위　優しい 부드럽다　目指す 목표로　指導 지도　あらためて 한번 더, 새삼스럽게　心 마음　込める 담다　伝える 전하다

4. 설득・제안

필수 어휘 및 표현

> 직접적으로 설득・제안하는 방법

「…行こう(よ)。」「…しよう(よ)。」 등, 동사의지형을 사용해서 표현한다.

あなたが帰って来た時に一緒に飲もう。 당신이 돌아왔을 때에 함께 마시자!
その代わりにトランプをしようよ。 그 대신에 트럼프를 하자!
お昼を食べて、映画でも見よう。 점심을 먹고, 영화라도 보자!
この番組が終わったら寝よう。 이 프로그램이 끝나면 자자!

> 간접적으로 설득・제안하는 방법

「…行かない？／…行きませんか」 등의 의문표현이랑 「…行くよね。／…行きますよね。」 등의 확인표현을 사용.

食事にでも行かない？ 식사라도 하지 않을래?
そこに行ってみない？ 거기에 가보지 않을래?
一緒に夕食に行きませんか。 함께 저녁 먹으러 가지 않겠습니까?
おいしいカリフォルニアワインを飲んでみませんか？
맛있는 캘리포니아 와인을 마셔 보지 않겠습니까?
今日、あなたも飲みに行くよね。 오늘, 당신도 한 잔 하러 가지?
彼もやってくれるよね。 그도 해 주지?
とても暑い日には泳ぎたくなりますよね。
매우 더운 날에는 수영을 하고 싶어지죠?
あなたは私と遊んでくれますよね。 당신은 나와 놀아 줄 거죠?

「どう？」「いかが(존경표현)」로 설득・제안하는 방법

「…どう？／…どうですか？」 등의 의문표현이랑 「…いかが？／…いかがですか？」의 상대방의 의향을 묻는 표현으로 제안과 권유를 한다.

家に来てコーヒーでもどう(いかが)？ 집에 와서 커피라도 어때？
中華料理は、どう(いかが)？ 중화요리는 어때？
私たちと一緒に、どうですか(いかがですか)？ 저와 함께 어떻습니까？
恵比寿に2時って、どうですか(いかがですか)？
에비스에서 2시에 만나는 것은 어떻습니까？

설득・제안하는 표현의 구분

상대방을 뭔가에 제안하는 경우, 상대방에 따라서 표현이 나뉘어진다.

정중함의 정도	보통체	경어체
+	行かない？	行くませんか？
0	行こう(よ)。	行きましょう。
-	行くよね。	行きますよね？

권유표현의 차이(친한 사이의 경우)

「行くよね。」「するよね。」 확인의 표현

「行こうよ。」「しようよ。」 직접 제안하는 표현

「行かない？」「しない？」 의문표현

그 외의 예문

それはいいプランだと思うのですが。あなたはどう思われますか？
그것은 좋은 계획이라고 생각합니다만, 당신은 어떻게 생각하십니까？
何か別の話題について話すというのはいかがでしょうか？

뭔가 다른 화제에 대해서 이야기하는 것은 어떻습니까?

彼女は興味を持つと思うのですが。あなたはどう思われますか？
그녀는 흥미를 가질 거라고 생각합니다만, 당신은 어떻게 생각하십니까?

彼を待たずに始めてしまうというのはいかがでしょうか？
그를 기다리지 않고 시작해버리는 것은 어떻습니까?

실전문제

ここでは２つの異なる場面から質問されます。場面設定は絵と説明文で示されます。場面設定の説明文を聞いた後、回答を考える時間は30秒あります。その後、発信音がなったら発話してください。より高いレベルの会話力が測れるよう、できるだけ多く発話してください。発信音の後の応答時間は各問題につき40秒です。
では、問題１から聞いてください。

問題１．

（30秒）発信音　　　　　　　　　(40秒)　　　　　　　　終わりです

応答_____
_____
_____
_____
_____
_____

問題２．

（30秒）発信音　　　　　　　　(40秒)　　　　　　　　　　　終わりです

応答_____

_____

_____

_____

_____

_____

응답의 예

問題１．あなたは東京商事の開発部に勤めています。今回、男女ともに使える新しい化粧品を開発して、それを取引先に営業しようとしています。取引先を訪問して新製品をうまく説明し、取引の提案をしてください。

응답의 예 1 　私は東京商事、開発部のチェと申します。いつもお世話になっております。さっそくですが、このたび、ぜひ弊社の製品をサンプルとして貴社にお使いいただけないかと思い、伺いました。今回、弊社がご提案するのは新商品です。ポイントとなる商品の特徴としては、女性ユーザーを意識した、機能の簡便化を図りながらも、男性層にもアピールできるのが魅力です。ぜひご検討くださいますようお願いいたします。

응답의 예 2 　いつもお世話になっております。東京商事のカンと申します。大事な時間を作っていただき、ありがとうございます。今日、伺ったのは、今回弊社で開発した化粧品を紹介したいからです。今までの化粧品は男性用と女性用と分けられていましたが、この商品は男女ともに使えるのが特徴です。今日、サンプルもお持ちしましたので、ぜひお使いになってみてください。それではご検討のあと、ご連絡お待ちしております。よろしくお願いいたします。

Q 　당신의 도쿄상사의 개발부에서 근무하고 있습니다. 이번에, 남녀 다 사용할 수 있는 새로운 화장품을 개발해서, 그것을 거래처에 영업하려고 하고 있습니다. 거래처를 방문해서 신제품을 멋지게 설명하고, 거래의 제안을 해 주세요.

1. 저는 도쿄상사, 개발부의 최라고 합니다. 항상 신세를 지고 있습니다. 거두절미라고, 이번에 꼭 저희 회사의 제품을 샘플로서 귀사에서 사용해 주실 수 없는가 해서 찾아 뵈었습니다. 이번에 저희 회사가 제안하는 것은 신상품입니다. 포인트가 되는 상품의 특징으로서는, 여성사용자를 의식한, 기능의 간편함을 도모하면서도, 남성층에도 어필할 수 있는 것이 매력입니다. 꼭 검토해 주시도록 부탁 드리겠습니다.

2. 항상 신세를 지고 있습니다. 도쿄상사의 강이라고 합니다. 소중한 시간을 만들어 주셔서 감사합니다. 오늘, 찾아 뵌 것은, 이번에 저희 회사에서 개발한 화장

품을 소개하고 싶기 때문입니다. 지금까지의 화장품은 남성용과 여성용으로 나뉘어져 있었습니다만, 이 상품은 남녀 다 사용할 수 있는 것이 특징입니다. 오늘, 샘플도 들고 왔으니, 꼭 사용해 봐 주세요. 그럼, 검토를 하신 뒤, 연락을 기다리고 있겠습니다. 잘 부탁합니다.

단어설명

東京 도쿄　商事 상사　開発部 개발부　勤める 근무하다　今回 이번　男女ともに 남녀 다　使う 사용하다　新しい 새롭다　化粧品 화장품　取引先 거래처　営業 영업　訪問 방문　新製品 신제품　説明 설명　提案 제안　申す「言う-말하다」의 겸양표현　お世話になる 신세를 지다　さっそく 즉시　このたび 이번　ぜひ 꼭　弊社 저희 회사　貴社 귀사　使う 사용하다　伺う 찾아 뵙다　新商品 신상품　特徴 특징　女性 여성　ユーザー 사용자　意識 의식　機能 기능　簡便化 간편화　図る 도모하다　男性層 남성층　アピール 어필　魅力 매력　検討 검토　大事だ 소중하다　時間 시간　作る 만들다　今日 오늘　紹介 소개　分ける 나누다　持つ 들다, 가지다　連絡 연락　待つ 기다리다

問題2. あなたの会社の後輩が人間関係の難しさで会社を辞めたいと言っています。後輩に話をして会社を辞めないほうがいいと説得してください。

응답의 예 1　　私も人間関係が大変で辞めたいと悩んだ時があったよ。でも今は辞めなくてよかったと思ってるんだ。仕事が忙しくて気づかなかった。悪いことをしたね。君が新入社員時代に、この会社で社長になりたいって言ってたよね。その時を思い出すと、時間の速さに驚くよ。あのね、人間関係はどの会社にもあると思うよ。だから、相手と時間を持ってゆっくり話してみたらどうだい？最初から合わなかったわけじゃないでしょう？話せば君の気持ちを分かってくれると思うんだ。これから大変なことがあったらさ、ちゃんと私に言ってね。

응답의 예 2　　すまなかった。私も忙しくて君がそこまで大変だったとは、全然気づかなかったよ。どこの会社だって人間関係は難しいよ。私も入社３年目まで君と同じ悩みをしたんだ。でも、相手と腹を割って話をしてみたら、私が悪かったこともあったし、相手の長所もよく見えてきて今は大事な同僚として仲良くしているよ。ちゃん

と二人にはお互い誤解しているところがあると思うから、ゆっくり話してみて！また君がいなくなると、みんな困っちゃうよ。

Q 당신 회사의 후배가 인간관계의 어려움으로 회사를 그만두고 싶다고 말하고 있습니다. 후배에게 이야기를 해서 회사를 그만두지 않는 편이 좋다고 설득해 주세요.

1. 나도 인간관계가 힘들어서 그만두고 싶다고 고민했을 때가 있었어. 하지만 지금은 그만두지 않아서 다행이라고 생각하고 있어. 일이 바빠서 눈치를 못 챘네. 미안해. 자네가 신입사원일 때에, 이 회사에서 사장이 되고 싶다고 말했지. 그 때를 떠올리면, 시간이 빠른 것에 놀라워. 저 말이야, 인간관계는 어느 회사에도 있다고 생각해. 그래서, 상대방과 시간을 가지고 느긋하게 이야기를 해 보는 것은 어때? 처음부터 맞지 않았던 것은 아니지 않니? 이야기를 하면 자네의 마음을 알아 줄 거라고 생각해. 앞으로 힘든 일이 있으면, 반드시 나에게 이야기를 해.

2. 미안해. 나도 바빠서 자네가 그렇게까지 힘들다고는, 전혀 알아차리지 못했어. 어떤 회사라도 인간관계는 어려워. 나도 입사 3년 째까지 자네와 같은 고민을 했었어. 하지만, 상대와 허심탄회하게 이야기를 해 보았더니, 내가 나쁜 경우도 있었고, 상대방의 장점도 잘 보여서 지금은 소중한 동료로서 사이 좋게 지내고 있어. 틀림없이 두 사람에게는 서로 오해를 하고 있는 점이 있다고 생각되니까, 느긋하게 이야기를 해 봐! 또 자네가 없으면 모두 난감해 할 걸!

단어설명

会社 회사　後輩 후배　人間関係 인간관계　難しさ 어려움　辞める 그만두다　説得 설득　大変だ 힘들다　悩む 고민하다　仕事 일　忙しい 바쁘다　気づく 알아차리다　新入社員 신입사원　時代 시절　社長 사장　思い出す 떠올리다　速さ 빠름　驚く 놀라다　相手 상대　持つ 가지다　ゆっくり 천천히, 느긋하게　~だい 친근감의 의문　最初 처음　合う 맞다　~わけじゃない ~것(셈)이 아니다　気持ち 마음　分かる 이해하다　ちゃんと 반드시　全然 전혀　~だって ~역시, ~라도　入社 입사　~年目 ~년 째　君 자네　同じ 같음　悩み 고민　腹を割る 허심탄회하게 이야기를 하다　悪い 나쁘다　長所 장점　見える 보이다　大事だ 소중하다　同僚 동료　仲良く 사이 좋게　ちゃんと 틀림없이　お互い 서로　誤解 오해

5. 사과의 표현

필수 어휘 및 표현

> 사과행위를 구성하는 구체적인 표현

謝りたいことがあります。 사과하고 싶은 것이 있습니다.
謝らなければなりません。 사과해야만 합니다.
ごめんなさい。 죄송합니다.
ごめん。 미안.
ごめんです。 미안합니다.
謝ります。 사과하겠습니다.
お詫びします。 사과하겠습니다.
私が悪かったです。 제가 잘못했습니다.
私のミスです。 저의 실수입니다.
私が何とかします。 제가 어떻게든 하겠습니다.
私があんなことをしなければ…。 제가 그런 짓을 하지 않았다면….
責任は私にあります。 책임은 저에게 있습니다.
謝らせてください。 사과하게 해 주세요.
すみません。 미안합니다.
申し訳ないことです。 죄송한 일입니다.
悪い。 미안.
悪かったです。 미안했습니다.
借りていたCDをなくしてしまいました。 빌린 CD를 잃어버렸습니다.
つい、うっかりして…。 그만 깜박해서….
悪気はなかったんです。 나쁜 의도는 없었습니다.
何度も探したんですが…。 몇 번이나 찾아보았습니다만….
部屋が汚いんで…。 방이 지저분해서….
言い訳にはならないんだけど…。 변명은 되지 않겠습니다만….
ご迷惑をおかけしました。 민폐를 끼쳤습니다.
大変失礼しました。 매우 실례했습니다.

大切な物をなくしてしまいました。 소중한 물건을 잃어버렸습니다.
高価な物でしょう。 비싼 물건이죠?
いつもはこんなことはないのですが…。 평소는 이런 일은 없습니다만….
こんなことは初めてなんです。 이런 경우는 처음입니다.
こんなことは二度としません。 이런 일은 두 번 다시 하지 않겠습니다.
次からはきちんとします。 다음부터는 똑바로 하겠습니다.
許してください。 용서해 주세요.
許してもらえませんか。 용서해 주실 수 없겠습니까?
勘弁してください。 봐 주세요.
ご勘弁を。 용서를.
同じ物を買って返します。 같은 물건을 사서 돌려드리겠습니다.
怒らないで聞いてください。 화를 내지 말고 들어주세요.
言いにくいんですけど…。 말하기 어렵습니다만….
気分を悪くしないでください。 기분 상하지 말아주세요.
謝っても許してもらえないかもしれませんが…。
사과해도 용서해 주지 않을 지도 모르겠습니다만….
聞いたら怒ると思うけど…。 들으면 화를 낼 거라고 생각합니다만….

* 실전에서 바로 사용하는 예문

これまでお掛けした多大なご迷惑を、深くお詫びいたします。
지금까지 많은 폐를 끼친 것을 깊게 사과 드립니다.

お待たせしてしまって、本当に申し訳ございません。
기다리게 해서 정말로 죄송합니다.

あなたにお詫びをしなくてはなりません。どういうわけか、来賓リストにお名前を入れ忘れてしまいました。
당신에게 사과를 해야만 합니다. 어떤 이유인지, 내빈리스트에 성함을 넣는 것을 잊어버렸습니다.

あなたの事を誤解してしまい、誠に申し訳ございません。
당신을 오해해버려, 진심으로 죄송합니다.

一言言わせてください。車を傷つけてしまい、申し訳ございませんでした。
한마디 하게 해 주세요. 차에 흠집을 내어버려, 죄송하게 되었습니다.

とても遅れてしまった事を、深くお詫びさせて頂きます。
너무 늦어버린 것을, 깊게 사과 드리겠습니다.

あなたの気持ちを傷つけてしまい、本当に申し訳ございません。
당신의 마음을 상처 입혀서, 정말로 죄송합니다.

あなたにお詫びをしなくてはなりません。一昨日、息子があなたの花瓶を割ってしまいました。
당신에게 사과를 해야만 합니다. 그저께 아들이 당신의 꽃병을 깨어버렸습니다.

失敗してしまった事を、お詫びいたします。
실패해 버린 것을 사과 드리겠습니다.

あなたの気分を害してしまって、申し訳ございません。
당신의 기분을 상하게 해서 죄송합니다.

실전문제

ここでは２つの異なる場面から質問されます。場面設定は絵と説明文で示されます。場面設定の説明文を聞いた後、回答を考える時間は30秒あります。その後、発信音がなったら発話してください。より高いレベルの会話力が測れるよう、できるだけ多く発話してください。発信音の後の応答時間は各問題につき40秒です。
では、問題１から聞いてください。

問題１．あなたは上司にノートブックを借りましたが、無くしてしまいました。上司に謝って問題を解決してください。

　　　　（30秒）発信音　　　　　　　　(40秒)　　　　　　　終わりです

応答_____

_____

_____

_____

_____

問題２．あなたが飼っている猫がお隣の人を噛んでしまいました。大怪我ではないようですが、お隣の人に謝って問題を解決してください。

　　　（30秒）発信音　　　　　　　　(40秒)　　　　　　　終わりです

応答

응답의 예

問題1. あなたは部長にノートブックを借りましたが、無くしてしまいました。部長に謝って問題を解決してください。

응답의 예 1　部長が貸してくたさったノートブックを電車の中で無くしてしまいました。本当に申し訳ございません。朝寝坊して急いでたせいでついうっかり…。駅にほうに連絡を取りましたが、今のところ届いてないようです。すみません。代わりに同じ物を買って弁償しようと思うのですが、それで許してもらえますか？どうしたら良いでしょうか？

응답의 예 2　部長、謝っても許してもらえないかもしれませんが、実は私の不注意によって借りていたノートブックを無くしてしまいました。おかげで、急いでいた仕事は無事には終わりましたが、とんでもないことをしちゃって…。申し訳ございません。それで大変身勝手なお願いではありますが、新しいノートブックをお返しすることで弁償させていただけないでしょうか。部長の意向を伺いたいんです。

Q 당신은 부장님께 노트북을 빌렸습니다만, 잃어버렸습니다. 부장님께 사과해서 문제를 해결해주세요.

1. 부장님이 빌려주셨던 노트북을 전철 안에서 잃어버렸습니다. 정말로 죄송합니다. 늦잠을 자서 서둘렀던 탓으로 그만 깜박해서…. 역 쪽에 연락을 취했습니다만, 지금 현재 신고되지 않은 것 같습니다. 죄송합니다. 대신에 같은 물건을 사서 변상하려고 생각합니다만, 그것으로 용서를 받을 수 있을까요? 어떻게 하면 좋을까요?

2. 부장님, 사과해도 용서해 주지 않을 지도 모르겠습니다만, 실은 저의 부주의에 의해서 빌렸던 노트북을 잃어버렸습니다. 덕분에, 시급했던 일은 무사히 끝났습니다만, 터무니 없는 일을 저질러버려서…. 죄송합니다. 그래서 매우 염치 없는 부탁이기는 하지만, 새로운 노트북을 드리는 것으로 변상할 수 있을까요? 부장님의 의향을 여쭙고 싶습니다.

단어설명

部長(ぶちょう) 부장　借(か)りる 빌리다　無(な)くす 잃어버리다　謝(あやま)る 사과하다　問題(もんだい) 문제　解決(かいけつ) 해결　貸(か)す 빌려주다　電車(でんしゃ) 전철　本当(ほんとう)に 정말로　申(もう)し訳(わけ)ない 죄송하다　朝寝坊(あさねぼう) 늦잠　急(いそ)ぐ 서두르다　せい 탓　つい 그만　うっかり 깜박, 무심코　駅(えき) 역　連絡(れんらく) 연락　取(と)る 취하다　今(いま)のところ 현재　届(とど)く 배달되다, 신고되다　代(か)わりに 대신에　同(おな)じ物(もの) 같은 물건　買(か)う 사다　弁償(べんしょう) 변상　許(ゆる)す 용서하다, 허락하다　良(い)い 좋다　~かもしれない ~일지도 모른다　実(じつ)は 실은　不注意(ふちゅうい) 부주의　~によって ~에 의해서　おかげ 덕분에　仕事(しごと) 일　無事(ぶじ)に 무사히　終(お)わる 끝나다　とんでもない 당치않다, 터무니없다　大変(たいへん) 매우　身勝手(みがって) 제멋대로 함, 염치없음　新(あたら)しい 새롭다　返(かえ)す 갚다, 돌려주다　意向(いこう) 의향　伺(うかが)う 여쭙다

問題２. あなたが飼っている猫がお隣の人を噛んでしまいました。大怪我ではないようですが、お隣の人に謝って問題を解決してください。

応답의 예 １　ウチの猫がご迷惑をおかけして申し訳ありませんでした。お怪我はありませんでしたか。普通は家の中で飼っていますが、私がトイレに行っている間、外に出て行ってしまったようです。もし、痛みを感じたり、かゆかったりしたら今にでも一緒に病院に行きましょう。これからはもっと気をつけます。どうかご勘弁ください。

応답의 예 ２　ご迷惑をおかけしてどうもすみませんでした。いつもはこんなことはないのですが子供が玄関を開けっぱなしにして出ちゃって…。あくまでも責任は私にあります。お許しください。幸い、病院からでは、大怪我ではないとの連絡が来たので一安心しました。でも、万が一、後遺症があるかもしれないから、その時はいつでもご連絡ください。もう一度お詫びいたします。

Q　당신이 키우고 있는 고양이가 이웃 사람을 물어버렸습니다. 큰 부상은 아닌 것 같습니다만, 이웃 사람에게 사과해서 문제를 해결해 주세요.

1. 우리 집 고양이가 폐를 끼쳐드려서 죄송했습니다. 부상은 없었습니까? 보통은 집 안에서 키우고 있습니다만, 제가 화장실에 간 사이에, 밖으로 나가 버린 것 같습니다. 만일, 아픔을 느끼거나, 가렵거나 하면 지금이라도 함께 병원에 갑시

다. 앞으로는 더욱 주의하겠습니다. 부디 용서해 주세요.
2. 폐를 끼쳐드려서 대단히 죄송했습니다. 평소는 이런 일은 없습니다만, 아이가 현관문을 열어놓은 채로 나가버려서…. 어디까지나 책임은 저에게 있습니다. 용서해 주세요. 다행스럽게도, 병원으로부터는, 큰 부상은 아니라고 하는 연락이 와서 한시름 놓았습니다. 하지만, 만일, 후유증이 있을지도 모르니, 그 때는 언제든지 연락해 주세요. 한 번 더 사과 드리겠습니다.

단어설명

飼う 기르다, 키우다 猫 고양이 お隣 이웃 噛む 물다 大怪我 큰 부상 謝る 사과하다 問題 문제 解決 해결 ウチ 우리 迷惑をかける 폐를 기치다 申し訳ない 죄송하다 普通 보통 家 집 間 사이 外 밖 出る 나오다 痛み 아픔 感じる 느끼다 かゆい 가렵다 今にでも 당장에라도 一緒に 함께 病院 병원 もっと 더욱 気をつける 주의하다 どうか 부디 勘弁 용서 子供 아이 玄関 현관 開ける 열다 동사ます형+っぱなし ~한 채로 あくまでも 어디까지나 責任 책임 許す 용서하다 幸い 다행 連絡 연락 一安心 한시름 놓음 万が一 만일 後遺症 후유증 詫びる 사과하다

제 7 부

連続した絵 연속된 그림

필수 어휘 및 표현

わけ

(1) わけだ
(2) わけではない
(3) わけがない
(4) わけにはいかない

べき

(1) べきだ
(2) べきではない

はず

(1) はずだ
(2) はずがない

실전문제
응답의 예

제 7 부 連続した絵

필수 어휘 및 표현

> わけ

(1) わけだ ~셈(것)이다

① 台風が近付いているのだ。それで雨が強いわけだ。
    태풍이 다가오고 있다. 그래서 비가 세찬 것이다.
② 暗いわけだ。買ったばかりの電球が壊れた。
    어두운 셈이다. 막 산 전구가 망가졌다.
③ 習い始めたばかりだから、下手なわけだよ。
    시작한지 얼마 되지 않았기 때문에 서툰 것이다.
④ 彼は昔から住んでいるので、地域の情報に詳しいわけだ。
    그는 옛날부터 살고 있기 때문에 지역의 정보를 잘 아는 것이다.

(2) わけではない ~셈(것)이 아니다

① すべての人が自分の目標を達成できるわけではない。
    모든 사람이 자신의 목표를 달성할 수 있는 것은 아니다.
② このルールはすべての場合に適用されるわけではない。
    이 룰은 모든 경우에 적용되는 것은 아니다.
③ 人間は働くために生まれてきたわけではない。
    인간은 일하기 위해서 태어난 것은 아니다.
④ 全然だめなわけではないが、あまり期待しない方がいいよ。
    전혀 못하는 것은 아니지만, 별로 기대하지 않는 편이 좋아.

(3) わけがない ~리가 없다

① あんな下手な絵が売れるわけがない。 저런 서툰 그림이 팔릴 리가 없다.
② こんな硬い肉、おいしいわけがない。 이런 질긴 고기가 맛있을 리가 없다.
③ 日本語をそんなに速くマスターできるわけがない。
    일본어를 그렇게 빨리 마스터할 수 있을 리가 없다.
④ 彼は来週まで海外にいるので、同窓会に参加するわけがない。
    그는 다음주까지 해외에 있기 때문에 동창회에 참가할 리가 없다.

(4) わけにはいかない ~수는 없다

① 一人でやるのは大変だが、みんなが忙しそうなので、手伝ってもらうわけにはいかない。
　혼자서 하는 것은 힘들지만, 모두가 바쁘기 때문에 도움을 받을 수는 없다.
② これは先生の本だから、あなたに貸すわけにはいかない。
　이것은 선생님의 책이기 때문에 당신에 빌려줄 수는 없다.
③ 仕事で成果を出せるまでは帰国するわけにはいかない。
　일로 성과를 낼 수 있을 때까지는 귀국할 수는 없다.
④ 僕は、彼女のやったことを見逃すわけにはいかないのだ。
　나는 그녀가 한 일을 간과할 수는 없는 것이다.

べき

(1) べきだ ~해야만 한다

① 電車の中では若者は、年寄りに席を譲るべきです。
　전철 안에서는 젊은이는 노인에게 좌석을 양보해야만 합니다.
② 何をすべきか、もう彼女の心は決まっていた。
　무엇을 해야 하는지, 이제 그녀의 마음은 정해졌다.
③ わたしは彼に言うべきことを全部言った。
　나는 그에게 해야만 할 말을 전부 했다.
④ 人間は自分の行動に責任を持つべきだ。
　인간은 자신의 행동에 책임을 져야만 한다.

(2) べきではない ~해서는 안 된다

① 赤信号では車がなくても、渡るべきではない。
　빨간 신호에서는 자동차가 없어도 건너서는 안 된다.
② 子供たちが欲しがるものすべてを与えるべきではない。
　아이들이 갖고 싶은 것 전부를 줘서는 안 된다.
③ 人生は大変短いのだから、時間を浪費すべきではない。
　인생은 매우 짧기 때문에 시간을 낭비해서는 안 된다.
④ 人は、その身分によって、判断されるべきではない。
　사람은 그 신분에 따라 판단되어서는 안 된다.

＊「べき」は「すべきだ」「するべきだ」둘 다 사용할 수 있다.

はず

(1) はずだ 틀림없이~이다
① 彼女はタバコを吸わないから禁煙席にいるはずだよ。
그녀는 담배를 피우지 않기 때문에 틀림없이 금연석에 있을 거야.
② 今日は土曜日だから、彼は会社に行かないはずだ。
오늘은 토요일이기 때문에 그는 틀림없이 회사에 안 갈 것이다.
③ 誰もいないはずの2階で物音がした。
틀림없이 아무도 없을 2층에서 소리가 났다.
④ 部長は会議に出るはずだったが、急用で出張した。
부장님은 회의에 틀림없이 나와야 했지만, 급한 볼일로 출장 갔다.

(2) はずがない ~리가 없다
① あんなに勉強したんだから落ちるはずがない。
저렇게 공부를 했기 때문에 떨어질 리가 없다.
② 子供がほしくない女性はこの世にいるはずがない。
아이를 원하지 않은 여성은 이 세상에 있을 리가 없다.
③ そんな難しい問題は小学生ができるはずがない。
그렇게 어려운 문제는 초등학생이 할 수 있을 리가 없다.
④ 本物のブランドのバッグがそんなに安いはずがないよ。
진짜 명품가방이 그렇게 쌀 리가 없어.

실전문제

では、今から連続した4つの絵にどんなことが描かれているか説明してもらいます。90秒でできるだけ詳しく話してください。発信音がなったら、絵の説明を始めてください。

問題1.

(1)

(2)

(3)

(4)

（5秒）発信音　　　　　　　　（90秒）　　　　　　　　終わりです

問題２．

(1)

(2)

(3)

(4)

（5秒）発信音　　　　　　　(90秒)　　　　　　　　　終わりです

응답의 예

問題 1.

응답의 예 1
(1) 久しぶりに友だちに会って、飲み屋でお酒を飲みながらいろんな話をしました。
(2) 今日は私がおごるつもりだったので、店員にビールやおつまみなど、たくさん頼みました。
(3) 楽しく飲んだ後、私が勘定しようとしたが、財布がないことを知って戸惑いました。
(4) 結局、ほかの友だちが勘定し、私は次は必ず自分がおごるって言いました。

응답의 예 2
(1) 今日は花金なので、一週間前から飲み会を約束した友だちに会って、お酒を飲みました。久ぶりに会ったし、この間、友だちにごちそうになったこともあったので今日の勘定は私が持とうと思いました。
(2) 会社が終わった後、夕食がてらの飲み会だったので、みんなお腹がすいてたくさんのおつまみや料理、ビールを注文しました。酔っ払ちゃうかもしれないと思ったが、お酒は飲む量より、やっぱり雰囲気がよければ少し飲みすぎてもいいと感じました。
(3) 飲み会が終わって、勘定しようとしたが、財布がなくて戸惑いました。約束時間に遅れないように、会社から急いで出ていたので、うっかり机の上に忘れてきたことに気づきました。「しまった」という気がしました。
(4) 結局、友だちが代わりに勘定してくれました。すまない気持ちでいっぱいだったが、仕方なかったんです。今度は必ず私がおごると言って、別れました。こんな自分にがっかりしました。

1.
(1) 오랜만에 친구를 만나, 술집에서 술을 마시면서 여러 가지 이야기를 했습니다.
(2) 오늘은 내가 한턱 낼 생각이었기 때문에, 점원에게 맥주랑 안주 등, 많이 부탁했습니다.
(3) 즐겁게 마신 후, 내가 계산하려고 했지만, 지갑이 없는 것을 알고 당황했습니다.

(4) 결국, 다른 친구가 계산을 하고, 나는 다음에는 반드시 내가 한턱 낸다고 말했습니다.

2.

(1) 오늘은 불 타는 금요일이어서, 일주일전부터 술자리를 약속한 친구를 만나, 술을 마셨습니다. 오랜만에 만났고, 일전에 친구가 한턱 낸 적도 있었기 때문에 오늘의 계산은 내가 하려고 생각했습니다.

(2) 회사가 끝난 뒤, 저녁을 겸한 술자리였기 때문에, 모두 배가 고파서 많은 안주와 요리, 맥주를 주문했습니다. 술 취할지도 모른다고 생각했지만, 술은 마시는 양보다, 역시 분위기가 좋으면 조금 과음에도 좋다고 느꼈습니다.

(3) 술자리가 끝나고, 계산하려고 했지만, 지갑이 없어서 당황했습니다. 약속시간에 늦지 않으려고 회사에서 급하게 나왔기 때문에, 깜박하여 책상 위에 잊고 온 것을 알아차렸습니다.「아뿔싸!」라는 느낌이 들었습니다.

(4) 결국, 친구가 대신 계산해 주었습니다. 미안한 마음이 가득 찼습니다만, 어쩔 수 없었습니다. 다음에는 반드시 내가 한턱 낸다고 말하고 헤어졌습니다. 이런 내 자신에게 실망했습니다.

단어설명

久しぶりに 오랜만에　友だち 친구　会う 만나다　飲み屋 술집　お酒 술　飲む 마시다　동사ます형+ながら ~하면서　話 이야기　今日 오늘　おごる 한턱 내다　店員 점원　おつまみ 안주　頼む 부탁하다　楽しい 즐겁다　後 뒤　勘定 계산　財布 지갑　知る 알다　戸惑う 당황하다　結局 결국　友だち 친구　次 다음　必ず 반드시　花金 불 타는 금요일　一週間前 일주일 전　約束 약속　この間 이전　ごちそうになる 얻어먹다　持つ 가지다, 계산하다　会社 회사　終わる 끝나다　夕食 저녁식사　~がてら ~을 겸해　お腹がすく 배가 고프다　料理 요리　注文 주문　酔っ払う 취하다　~かもしれない ~일지도 모른다　量 양　やっぱり 역시　雰囲気 분위기　少し 조금　동사ます형+すぎる 지나치게~하다　感じる 느끼다　約束 약속　遅れる 늦다　急ぐ 서두르다　出る 나오다　うっかり 깜빡, 무심코　机 책상　上 위　忘れる 잊다　気づく 알아차리다　しまった 아뿔싸　気がする 느낌이 들다　代わりに 대신　すまない 미안하다　気持ち 마음　仕方ない 어쩔 수 없다　今度 다음 번　必ず 반드시　別れる 헤어지다　がっかり 실망하는 모습

問題２．

응답의 예 1
(1) お父さんが子供と自転車に乗ろうと準備をしています。
(2) でも、朝まで天気がよかったんですが、いきなり雨が降り始めて外で自転車に乗れなくなりました。雨は止みそうにありません。
(3) 自転車に乗れなくなったお父さんと子供はがっかりしましたが、お父さんはいいアイデアを思いつきました。
(4) お父さんは子供を肩車して遊びました。子供はとても楽しかったようです。

응답의 예 2
(1) 週末に、天気がよかったのでお父さんは子供と外で自転車に乗りながら遊ぼうとしています。子供もお父さんと外で遊ぶのが久しぶりなのでとても楽しみにしています。
(2) でも、急に雨が降り出して自転車に乗れなくなりました。お父さんは自分のせいではなかったのにもかかわらず、子供にすまない顔をしています。
(3) 子供は泣きそうな顔をしています。今にも外に出ようとしていましたが、雨はまったく止みそうにもありません。その時、お父さんはいいアイデアを思いつき、子供に言ったら子供もとても喜びました。
(4) 自転車の代わりに、お父さんは子供を肩車して遊びました。泣きそうになった子供は、笑顔になって、気持ちよくお父さんと遊びました。

1.
(1) 아버지가 아이와 함께 자전거를 타려고 준비를 하고 있습니다.
(2) 하지만, 아침까지 날씨가 좋았습니다만, 갑자기 비가 내리기 시작해서 밖에서 자전거를 탈 수 없게 되었습니다. 비는 그칠 것 같지도 않습니다.
(3) 자전거를 탈 수 없게 된 아버지와 아이는 실망했습니다만, 아버지는 좋은 아이디어를 떠올렸습니다.
(4) 아버지는 아이를 목마 태우고 놀았습니다. 아이는 매우 즐거웠던 것 같습니다.
2.
(1) 주말에 날씨가 좋았기 때문에 아버지는 아이와 밖에서 자전거를 타면서 놀려고 했습니다. 아이도 아버지와 밖에서 노는 것이 오랜만이기 때문에 매우 기대하고 있습니다.

(2) 하지만, 갑자기 비가 내려서 자전거를 탈 수 없데 되었습니다. 아버지는 자신의 탓이 아니었음에도 불구하고, 아이에게 미안한 표정을 지었습니다.

(3) 아이는 울듯한 표정을 지었습니다. 당장에라도 밖으로 나가려고 했습니다만, 비는 전혀 그칠 것 같지도 않습니다. 그 때, 아버지는 좋은 아이디어를 떠올리고, 아이에게 말을 했더니 아이도 매우 기뻐했습니다.

(4) 자전거 대신에 아버지는 아이를 목마 태우고 놀았습니다. 울듯한 아이는 웃게 되고, 기분 좋게 아버지와 놀았습니다.

단어설명

お父さん 아버지 子供 아이 自転車 자전거 乗る 타다 準備 준비 朝 아침 天気 날씨 いきなり 갑자기 雨 비 降り始める 내리기 시작하다 外 밖 止む 그치다 동사ます형+そうにもない ~할 것 같지도 않다 がっかり 실망하는 모습 思いつく 떠올리다 肩車 목마 遊ぶ 놀다 楽しい 즐겁다 週末 주말 外 밖 久しぶり 오랜만 楽しみ 기대, 즐거움 急に 갑자기 降り出す 갑자기 내리다 せい 탓 ~にもかかわらず ~에도 불구하고 すまない 미안하다 顔をする 표정을 짓다 泣く 울다 今にも 당장에라도 出る 나가다 まったく 전혀 喜ぶ 기뻐하다 代わりに 대신에 笑顔 웃는 얼굴 気持ち 기분